教育部本科教学工程"财政学专业综合改革试点"
(项目编号：ZG0340) 资助项目
河南省科学技术厅软科学研究项目
"经济新常态背景下地方预算编制科学性问题研究"
(项目编号：182400410210) 阶段性研究成果
河南财经政法大学 2018 年度校重大研究课题
"中国式分权视角下地方税收计划科学性问题研究"阶段性研究成果

中国地方财政收入预决算偏离问题研究

冯　辉　著

中国财经出版传媒集团
中国财政经济出版社

图书在版编目（CIP）数据

中国地方财政收入预决算偏离问题研究／冯辉著.—北京：中国财政经济出版社，2019.7

ISBN 978－7－5095－9084－3

Ⅰ.①中… Ⅱ.①冯… Ⅲ.①地方财政－财政收入－研究－中国 Ⅳ.①F812.7

中国版本图书馆 CIP 数据核字（2019）第131320号

责任编辑：彭　波　　　　　　封面设计：卜建辰
责任校对：胡永立

中国财政经济出版社 出版

URL：http://www.cfeph.cn
E－mail：cfeph@cfemg.cn

（版权所有　翻印必究）

社址：北京市海淀区阜成路甲28号　邮政编码：100142
营销中心电话：010－88191537
北京财经印刷厂印装　各地新华书店经销
710×1000毫米　16开　12.25印张　200 000字
2019年7月第1版　2019年7月北京第1次印刷
定价：68.00元
ISBN 978－7－5095－9084－3
（图书出现印装问题，本社负责调换）
本社质量投诉电话：010－88190744
打击盗版举报热线：010－88191661　QQ：2242791300

前　言

　　1978年改革开放后,中国经济连续以年均9.6%的速度在高速增长,国民经济的快速发展为财政收入奠定了坚实的税源,财政收入占GDP的比重以1994年分税制财政体制改革为转折点,演绎出一条"U"形变化趋势,国民经济和财政收入的高速增长为传统的"存量不动、增量调整"改革路径提供了相对宽松的选择空间。但是在"三期叠加"效应的影响下,中国经济发展开始进入了以6%左右的中高速增长为主要特征的高质量发展阶段。经济增长速度的下降直接影响政府每年可支配的新增财力,2019年国务院政府工作报告提出"实施更大规模减税降费",这是中央政府为应对经济增速放缓,降低企业税费负担,支持实体经济的重大举措。在经济增速放缓和更大规模减税降费的双重作用下,地方政府财源汲取能力必然受到严格约束,而稳增长、惠民生和保稳定等各项政府职责的履行又要求相应财力作为保障,财政收支间的矛盾和冲突将逐步尖锐,地方财政可持续面临挑战,今后的财税体制改革必将在财政紧约束的新形势下展开。

　　党的十八届三中全会提出"建立现代财政制度"的改革目标,党的十九大进一步强调"加快建立现代财政制度",内容完整、编制科学、执行规范、监督有力、讲求绩效和公开透明是现代预算制度的基本要素。在建立现代预算制度过程中，为缓解财政压力、提高财政政策前瞻性，实现财政可持续发展，跨年度预算平衡机制将是今后几年全面建设现代预算制度中的推进重点，准确可靠的收入预测能力是实现跨年度预算平衡的基本条件。回顾1994年分税制改革后地方预算编制、预算执行的实践历程却发现预算编制不准确、预算执行中随意调整年初预算、财政超收未经人大审查批准就动用支配，这些问题集中表现为地方财政收入预决算偏离。从国外经验看，地方官员出于竞选连任的政治动机会操纵收入预测，扩大财政支出自由裁量权，结果是政府债务不断积累。本书也试图从"中国式分权"和行政主导型预算制度出发，分析政治因素对预决算偏离的影响，主要的研究结论有：

（1）国务院每个预算年度都会通知地方政府关于收入预算编制的指导思想，自分税制改革以来，该指导思想长期是财政收入增幅略高于GDP增速，地方政府编制财政收入预算的具体做法是在GDP计划增长率基础上再加若干个百分点。由此可知，地方财政收入预算编制的重要参考指标是综合考虑辖区经济形势后提出的GDP计划增长率。GDP实际增长率则决定着地方官员的晋升机会与财政决算，考虑到预算制度关于财政超收方面存在的缺陷，低估GDP计划增长率而带来的财政超收在本预算年度内可用于超支而进一步提高GDP增速，理性的地方官员会策略性地影响两种GDP增长率。地方官员在政治晋升激励下会对GDP计划增长率和实际增长率采取策略性态度，GDP超计划增长为地方官员追求财政超收奠定了经济基础。

（2）1994年分税制改革主要目的是提高"两个比重"，

前　言

中央与地方间财政分配关系调整的重点是财权，对于支出责任并未做出适当安排，中央与地方间纵向财政收支严重不平衡，地方政府面临着巨大的财政支出压力，如何汲取更多的财源来履行职责成为地方政府重要目标。分税制改革虽然损害了地方财政利益，但地方政府的征税积极性并未受到影响，反而通过提高税收征管效率来弥补纵向财政竞争的损失。

（3）地方横向财政竞争必然会造成横向财政压力，本书发现预算年度内的收支差异压力和不同预算年度的财政支出增长压力对预决算偏离的影响相反，可能的原因是地方政府面对预算年度内的财政压力，利用其土地垄断供给者身份实行差异化供地策略，获取土地出让收入和税收收益，行政主导型预算制度为地方官员在税收增长好于预期时，追求预算超支提供了空间。

（4）地方官员在面临财政压力时会加强对税务部门的绩效考核力度，压力型的税收任务考核制度会激励约束着税务部门提高税收努力，加强征管。

（5）我国税收计划编制方法是基数法，税务部门本年度税收任务完成情况越好，下年度税收计划基数就越高，税收计划作为必须完成的政治任务，具有强烈的刚性考核特点。地方政府和税务部门之间在税收征管方面是委托—代理关系，税务部门在完成本年度税收任务后，就存在利用税收征管的信息不对称优势去隐匿真实税源，从而减轻下年度税收任务负担，并储备税源，税务部门存在着征收过头税、"藏富于民"的双重动机。

作者

2019 年 1 月

目　　录

第1章　导论 ·· 1

　　1.1　研究背景与问题提出 ·· 3
　　1.2　研究思路与研究方法 ·· 10
　　1.3　本书的结构与可能创新之处 ···································· 13

第2章　理论基础与文献综述 ·· 17

　　2.1　预决算偏离概念界定 ·· 19
　　2.2　理论基础 ·· 24
　　2.3　文献综述 ·· 39

第3章　"中国式分权"、行政主导型预算与地方财政
　　　　收入预决算偏离 ·· 53

　　3.1　分税制财政体制与地方财政收入预决算偏离 ········ 55
　　3.2　地方政府治理与地方财政收入预决算偏离 ············ 62
　　3.3　行政主导型预算制度与地方财政收入预决算偏离 ········ 67
　　3.4　晋升激励、"财力集中"与地方财政收入预决算偏离 ······ 74
　　3.5　小结 ·· 85

第4章　地方政府竞争、财政压力与地方财政收入预决算偏离 ··· 87

　　4.1　引言 ·· 89

4.2 理论分析与研究假设 …………………………………… 93
4.3 实证模型与数据来源 …………………………………… 103
4.4 实证结果分析 …………………………………………… 108
4.5 稳健性检验 ……………………………………………… 114
4.6 小结 ……………………………………………………… 116

第5章 晋升激励、税收任务与地方财政收入预决算偏离 …… 119
5.1 引言 ……………………………………………………… 121
5.2 理论分析与研究假说 …………………………………… 122
5.3 实证模型、估计方法与数据来源 ……………………… 126
5.4 实证结果分析 …………………………………………… 130
5.5 工具变量回归和稳健性检验 …………………………… 134
5.6 小结 ……………………………………………………… 138

第6章 政治激励、税收计划与地方财政收入预决算偏离 …… 141
6.1 引言 ……………………………………………………… 143
6.2 文献综述 ………………………………………………… 145
6.3 理论框架与研究假说 …………………………………… 148
6.4 实证模型、估计方法与数据来源 ……………………… 152
6.5 实证结果分析 …………………………………………… 157
6.6 稳健性检验 ……………………………………………… 163
6.7 小结 ……………………………………………………… 165

第7章 研究结论与政策建议 …………………………………… 167
7.1 研究结论 ………………………………………………… 169
7.2 政策建议 ………………………………………………… 171

参考文献 ………………………………………………………… 174

中国地方财政
收入预决算偏离
问题研究

Chapter 1

第1章 导 论

第1章 导　论

1.1　研究背景与问题提出

改革开放以来，中国经济发展取得了举世瞩目的成就，在1978～2013年的35年之间，中国经济以约9.8%的速度在高速增长，经济决定财政，国民经济的快速发展也带动着财政"蛋糕"的做大，尤其是1994年分税制改革以来，财政收入增速一改财政承包制时期的缓慢增长，实现了"U"形反弹，财政收入两位数的高速增长态势保持了20年，中央和地方财政能力均显著增强。但自2008年国际金融危机爆发以来，全球经济结构失衡的调整仍然需要相当一段时期才能完成，受此影响，我国国内经济结构的再平衡任务也是十分繁重的，欧美等传统出口市场的经济仍然没有走出低谷，出口对经济增长的拉动作用渐趋减弱；2008年金融危机风雨欲来之时，我国曾推出4万亿元的大规模经济刺激计划，逆周期的宏观调控虽然成功抵御了金融海啸的冲击，但是强力的经济刺激计划所累积和形成的负面效应目前仍在持续的释放中；中国经济增长奇迹的实现最主要原因在于中国经济的高速增长属于追赶型增长，后发优势较大，但是中国经济发展已经进入工业化后期，曾经拥有的技术红利、人口红利、环境红利等优势正在流失，经济发展水平的提高也意味着后发优势也将越来越少，经济增长阶段的转换也意味着经济增长速度有换挡的必要。因此，在经济结构调整期、前期经济刺激计划消化期与经济增速换档期三期叠加的新形势下，中国经济可能进入了以6%～8%的中高速增长的新常态。

如图1-1所示，自2010年第1季度以来，GDP的增长速度已经连续16个季度以较平稳的趋势下降，由2010年第1季度12.1%的两位数增长速度，一直下降至2014年第4季度的7.4%，自2012年第1季度起，GDP增长速度就已经低于8%，2014年的7.5%的年度经济增长目标也并没有完成,这一切都预示着以中高速增长为主要特征的经济发展新阶段正在稳步走来,中国经济增长速度可能回不到曾经的奇迹增速了。但是需要强调的是,6%~8%的经济增长率是潜在增长率,它的实现有赖于通过制度创新充分地释放改革红利,只有通过全面深化改革不适应经济增长新阶段的体制机制性制度缺陷,才有可能实现经济增长阶段的平稳转换,防止出现因为传统经济增长动力的失速而带来经济增速的断崖式下降,将经济增长在较长的一段时期内保持在6%~8%的合理区间内。

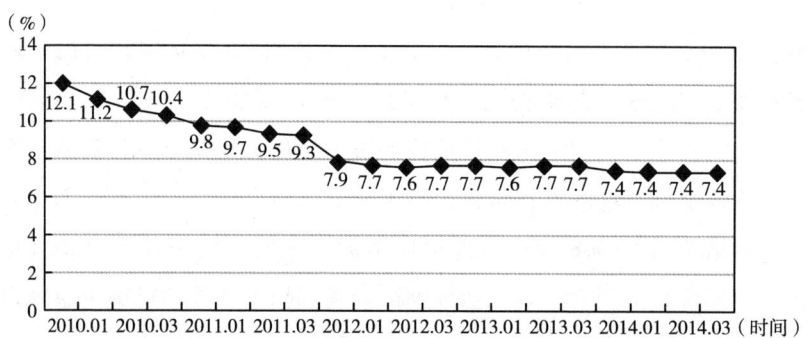

图1-1 "新常态"下中国GDP季度增速
资料来源:国家统计局网站。

党中央科学地把握到了经济发展规律的脉搏,在党的十八届三中全会上,立足全局,面向未来,做出了在经济、政治、文化、社会、生态等方面全面深化改革的战略部署,其中对于财政赋予了"国家治理的基础和重要支柱"的定位,按照"完善立法、明确事权、改革税制、稳定税负、透明预算、提高效率"的指导原则,最终建立现代财政制度,现阶段的改革重点是改进预算管理制度、完善税收制度,以及建立事权和支出责任相适应的制度等三个方面。现代预算制度是现代财政制度的基础,楼继伟(2014)指出,现代预算制度的核心内容是预算编制的科学完整、预算执行的规范有效和预算监督的公开透明,如果我们以科学化作为衡量地方财政收入预算编制工作效率的标准时,分税制改革以来的地方预算编制实践告诉我们在改革创新预算管理制度、释放制度红利方面仍有较大的全面深化改革的空间。如图1-2所示,地方财政收入预决算偏离度在1997~2012年的16年间均为正向偏离,年初财政收入预算低估了可获取的财源,每年地方财政都获得大量的财政超收收入。其中,1998年(3.23%)、1999年(2.96%)、2009年(4.41%)和2012年(2.76%)低于国际通行的5%的预决算偏离合理范围。美国州地方财政在1987~2009年的23年内,平均预决算偏离度只有不到1%,绝对预决算偏离度也只有3.5%;澳大利亚在1997~2008年的10年间财政收入预决算绝对偏离度为1.88%;比利时、加拿大、英国、德国等OECD国家的预决算偏离度也远低于中国地方财政9%的预决算平均偏离度。而且1998年、1999年正处于东南亚金融危机,2009年和2012年处于国际金融危机所引发的国内的经济衰退之时,可见,地方财政超收虽然会受到宏观经济形势不好的影响,但并没有影响地方政府追求并实现财政超收(见表1-1)。

表1-1　中国地方政府与部分OECD国家预决算偏离度　　　　单位:%

国家	平均偏差率	绝对偏差率	均方根偏差率	时间跨度
澳大利亚	-0.037	1.880	2.612	1997~2006年
比利时	-0.432	2.179	2.545	1996~2008年
加拿大	-0.2711	4.278	5.533	1997年、1998年、2009年、2010年
德国	1.309	4.458	5.531	1997~2008年
法国	-1.151	2.290	2.672	1997~2008年
英国	-0.213	1.516	1.897	1997年、1998年、2009年、2010年
中国	9.099	9.436	10.25	1994~2010年

资料来源:赵海利、吴明明. 我国地方政府收入预算的科学性——基于1994~2010年地方收入预算执行情况分析[J]. 经济社会体制比较,2014(6):135-147.

由于《预算法》与《预算法实施条例》关于财政超收的规定不尽完善,因此财政超收的使用极易脱离人大的监督,也就是说,地方

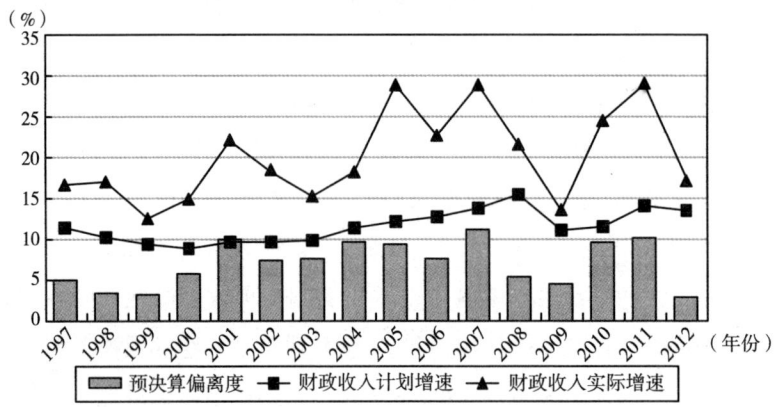

图1-2　1997～2012年地方财政收入预决算偏离度、计划增速与实际增速

资料来源：预决算偏离度与财政收入实际增速根据《中国财政年鉴》数据计算所得；财政收入计划增速根据各省级政府预算报告中数据计算所得。

政府对财政超收的自由裁量权更大，财政超收资金的动用往往由财政部门提出分配方案，并提请同级地方政府审核，即财政超收与超支是在行政系统内部完成，最后再将财政超收资金的使用结果通报人大和常委会。所以财政超收资金的使用效率难以保证，大量的财政超收没有经过立法机关的审核批准即已经用于预算年度内的财政支出，立法机关难以通过预算有效约束政府部门财政支出规模的扩张，也损害了预算作为法律文件的法治权威性，这与党的十八届四中全会提出全面依法治国精神也是背道而驰的。

在新常态下的经济发展阶段，经济增速的放缓将对财政收入产生重要影响，最直接的影响就是财政收入增速下滑，根据财政部所公布的2013年第1季度财政收入数据，2013年的1～3月，全国公共财政收入32034亿元，同比增长了6.9%，而同期的GDP增长速度为7.7%，这是分税制改革后，全国财政收入增速第一次低于同期的GDP增速；根据财政部《2014年全国公共财政收支情况报告》，2014年中央本级一般公共财政收入64490亿元，增长7.1%，地方本级一般公共财政收入75860亿元，增长9.9%。中央本级一般公共财政收入增速低于2014年全国GDP增速7.4%，地方本级一般公共财政收入更是2003年以来首次回落至个位数增长，这与分税制改革后已经保持了十余年的税收超GDP增长时代的两位数财政收入高速增长形成鲜明对比，预示着"财政紧约束"时代的来临。

财政收入增速的下降既然是我们不得不接受的事实，那么我们的财政体制是否已经打造好适应"过好紧日子"的制度基础，另外，在长达十余年的税收高速增长所造就的财政收入宽松环境中已经形成的大手大脚花钱，用财政支出追求经济高速增长的显耀政绩的行为模式，以及年年瓜分超收、岁岁改善福利的思维定势是否也已经切实转变。为了保证国民经济继续以6%~8%的速度增长，要求财政为经济结构优化升级，经济增长的创新驱动提供政策与资金的支持，随着经济发展，人民群众对教育、医疗、环境保护等关系到生活质量的民生性事业也越来越重视，经济发展阶段转型期的财政支出刚性压力与财政收入汲取能力之间的矛盾和冲突将逐渐尖锐化。所以准确地预测财政收入增长趋势，合理设计财政支出的政策目标与项目资金来源以达到"稳增长、调结构、惠民生"多重政府治理目标之间的合意平衡就显得尤为重要，这将对地方公共预算管理能力提出巨大的挑战。

新常态下经济发展阶段变化、财政可持续发展要求加强和改善地方预算管理制度，为了应对在经济发展阶段转型中所将面对的国内外错综复杂的经济发展环境，降低未来经济环境不确定性对财政风险的挑战，增强财政的前瞻性、可持续性，提高财政宏观调控能力，2014年9月国务院颁发《关于深化预算管理制度改革的决定》（国发〔2014〕45号文）提出建立跨年度预算平衡机制。传统的年度预算平衡制度因其预算审查着重于年度预算是收支是否平衡，政府决策与预算过程之间存在脱节现象，预算资源的分配并不能全面反映施政重点和资源配置的优先性，地方官员在激烈的"晋升锦标赛"下倾向于扩大财政支出总规模，税务部门作为财政压力的直接承担者，在压力型绩效考核制度下，税务部门在经济过热时"藏富于民"从而为完成下年度税收任务储备税源，在经济处于下行通道中时为了完成税收计划又征收过头税，税务部门的顺周期征税行为影响了财政宏观调控政策效果；年度预算因为是短期（一年）的财政规划，再加上财政支出刚性化特点，财政支出结构在年度预算框架内难以进行优化调整，财政支出结构的固化实际使预算核心部门的预算分配权被碎片化，有限的财政资金难以支持国民经济发展战略和宏观经济政策目标的需要；"六五"规划以来，我国财政部门根据国民经济和社会发展计划实际上也有编制五年期的财政规划，但其问题在于，经济规划和财政规划一经确定，在计划期内并不再根据宏观经济形势进行调整，年度预算与经济规划之间的联结也并不密切，再加上财政支出的预算软约束，所以近年来的财政超收多在预算年度内安排财政支出，不仅稀缺的财政资金使用效率难以保证，而且也不利于财政的可持续发展，尤其是在财政支出刚性压力增大和财政收入增速放缓的财政紧约束时代下，加强中长期财政规划对年度预算的约束力显得尤为突出。

2015年1月国务院发布《关于实行中期财政规划管理的意见》（国发〔2015〕3号文），就如何实行中期财政规划管理，实现跨年度预算平衡做出制度性规定。中期财政规划根据规划期（3年）的财政收入预测，确定财政支出限额，有利于实现预算总额控制，这对于缓解财政压力具有重要意义；政府各职能部门根据国民经济发展计划和施政重点编制规划期内的发展计划，财政部门为进入中期财政规划的事业按照优先顺序提供资金支持，这有利于培养各职能部门从长期角度安排财政资金，减少资金浪费和年底突击花钱，同时对于不符合政策意图的财政支出则在三年规划期内不进入预算资金分配范围，强化了中期财政规划对年度预算的约束力；中期财政规划实行滚动式编制，即规划期第一年的财政规划就是当年度预算，直接约束当年度财政收支，第二、第三个预算年度则是根据经济形势预测和政府施政重点编制预算，在本年度预算结束后，编制第二个年度预算时根据当年度经济发展环境对中期财政规划进行调整，然后在前一个中期财政规划的指导下编制新一个中期财政规划。准确的收入预测能力是成功实施中期财政规划的第一步（杨志勇，2014），在前面的论述中我们已经知道分税制改革以来，地方政府预算编制的精细化、科学化程度长期难以提高。

高培勇（2008）呼吁关注预决算严重偏离对财政资金使用效率和预算法治权威所形成的挑战，预决算偏离才开始引起国内学者的重视。马岭（2010）认为《预算法》只明令禁止"短收"而没有关于超收的规定，以及"预算调整"规定不尽合理使财政超收与超支极易躲过人大审议；赵海利和吴明明（2014）认为预决算偏离度过大与地方官员政绩考核和税收计划压力性考核制度有着密切关系；徐阳光（2011）指出收入预测的真正挑战是政治和法律层面而非技术、方法等客观因素。预决算偏离度在学术研究中属于比较新颖的概念，尚未引起足够的重视，已有的研究成果也主要是进行理论性阐述，缺乏经验证据的支撑。本书与现有的研究相比，有以下几个方面的边际贡献：（1）预决算偏离在中国地方政府预算管理语境下主要表现为财政超收，财政收入的最大化是市场维持型财政联邦主义理论中激励地方官员发展经济的主要动机，中央和地方间的财政分权必然对预决算偏离产生影响；政治激励理论认为地方官员在为增长而竞争，政治晋升才是地方官员致力于辖区经济高速发展的主要原因，我国收入预算编制的主要依据就是GDP预期增长率，而政绩考核的核心指标是辖区GDP实际增长率，政治晋升又会对预决算偏离产生何种影响？（2）地方官员推动辖区经济发展的重要策略是吸引流动性资本要素到本辖区投资，地方政府进行招商引资大战必然会造成财政压力，地方政府间标尺竞争和财政压力会激励地方官员采取何种手段来进行财政竞争，这又如何影响预算安排与预决算偏离？（3）地方官员在面临巨大的财政压力下最直接的反映就是加大对财税征管部门的考核力度，税收任务这种压力型政绩考核制度是否会激发财税征管的努力，税收任务与预决算偏离之间是否存在正相关关系？（4）基数法的税收计划编制方法和压力型的税收计划考核制度相结合对财税征管部门造成巨大压力，同时也对其税收征管行为产生扭曲，顺周期的征税态度说明税务部门存在着利用税收征管中信息不对优势来降低自身所承受的财政压力；（5）以往学者在论述预决算偏离原因时，主要是从预算制度所存在的体制机制性缺陷角度出发进行理论性论述，较少进行实证分析，本书使用省级面板数据，建立静态的固定效应、随机效应模型，动态的省级面板数据模型进行实证分析，为以往学者的分析提供经验分析证据支持，并做出本书的一些研究创新。

1.2　研究思路与研究方法

1.2.1　研究思路

跨年度预算平衡机制作为现代预算制度的重要组成部分，是今后一段时期预算制度全面深化改革的重要任务，中期预算想达到与经济周期相一致的预算平衡状态，精确的财政收入预测水平，预算编制的精细化、科学化是基础性条件。但回顾1994年分税制改革以来，我们却发现地方财政收入预决算偏离度是长期偏高，本书试图解释地方财政收入预算编制科学化水平为何长期难以提高？考虑到中国地方政府预决算偏离是以财政超收为主，政府间财政收入分配关系对预决算偏离度的影响首先进入研究视野，财政激励理论是以财政收入最大化作为地方政府发展经济的目标函数，辖区经济发展了税源自然丰富，并且税权在政府间的配置也会影响地方政府征税态度；中国地方官员不仅是追求财政收入最大化的"经济人"，同时具备追求政治地位升迁的"政治人"属性，政治激励理论认为地方官员为增长而竞争实现了经济快速发展，财政激励与政治激励争论的是地方官员目标函数中哪个因素是主导变量，本书认为财政收入是地方官员追求经济高速增长的预算约束条件，由于《预算法》所存在的制度性缺陷，财政超收的自由裁量权更大，再加上行政主导型管理制度，地方政府能够将其政策意图贯彻至负责预算编制的财政部门，负责税收征管的税务部门。所以本书以政治晋升作为地方官员追求财政超收的源动力，将政治晋升作为贯穿全书的一条主线索，当然税权的配置也会影响地方政府的征税态度，也会对财政超收产生重要影响。政治晋升激励官员发展经济，税权配置影响税收征管效率，两者都是影响财政收入增长的基础性因素，属于各个国家和地区财政收入增长的共性因素、一般性因素。财政超收作为税收超 GDP 增长的超预算增长部分，它与过去十多年的税收高速增长有着不可分割的关系，关于中国税收高速增长之谜，综合分析前人的研究成果，本书认为两个因素不可或缺，第一，实征税负与法定税负之间存在的巨大征管空间，随着税收征管效率的提高，征管空间的充分利用能够实现税收超 GDP 增长；第二，税收征管效率长期内面临着边际收益递减的困境，它只能部分解释税收高速增长，经济增长决定税基，税基扩大可以为征管空间提供原料，中国的特殊性在于，地方政府利用土地垄断供给者身份实行差异化供地策略，积极发展制造业、交通运输业、建筑业、房地产业等高税行业，不仅实现了辖区经济的高速增长，同时夯实了营业税、企业所得税、增值税等重要税源的税基。

　　本书的基本研究思路就沿着上述线索展开，第一阶段吸收前人的研究成果进行文献综述，为后面的实证分析奠定理论与文献的基础，并对财政分权、地方政府治理以及预算制度等与预决算偏离相关的重要制度给予简要介绍，而且就政治晋升、分税制后中央财政集权和高税行业发展与预决算偏离之间的影响进行了实证分析。第二阶段是本书的核心内容，首先，从地方政府竞争、财政压力的角度试图探索晋升激励与预决算偏离之间传导机制；其次，分析税收任务这种绩效考核制度会如何影响预决算偏离；最后，讨论在基数法的预算编制方法与税收计划压力型政绩考核制度下税务部门的行动策略，并简要地分析了预算稳定调节基金制度所存在的缺陷，使其难以实现约束预决算偏离度过大的制度设想。第三阶段是本书的结尾部分，主要是总结本书的结论，并提出有针对性的建议，同时展望了未来研究方向。

1.2.2 研究方法

在研究方法上，本书始终秉持文献分析与经验研究相结合的分析方法，力求在梳理前人研究成果的基础上为本书建立比较合理的逻辑分析框架，并进行使用多种计量分析方法对本书所提出的研究假说进行实证检验。

（1）文献研究法。鉴于地方财政收入预决算偏离问题目前尚未引起国内学者的足够重视，欧美成熟市场经济国家的学者对此问题的研究又主要是基于民主制政体、立法机关预算制度完善的市场经济环境下研究收入预测差异问题，我国是实行政治垂直管理的制度结构，政府与市场边界也尚未理顺，人大通过预算约束政府的制度建设尚不完备，现实国情的巨大差异要求我们在研究中不能照搬国外学者的经验，但可借鉴他们观察问题、分析问题的研究角度、研究方法。中国地方政府预决算偏离是以财政超收为主，自1994年分税制改革长达20年的税收超GDP引起国内学者的高度重视，并展开了深入的探讨，本书的研究就是奠立在方红生、张军、高培勇、陶然、吕冰洋和郭庆旺、汤玉刚等为代表的国内学者的研究成果之上，并借鉴了周黎安、徐现祥、张军等致力于从地方政府治理角度对中国经济增长所进行的不懈探索成果，马骏、於莉、林慕华、罗春梅等研究中国预算管理的学者的学术成果更加深化了我们对中国地方预算管理复杂现实的认识，没有这些学者所做出的卓越学术贡献，本书的研究不能取得今日成果。

（2）固定效应与随机效应方法。在计量分析中，本书使用的省级面板数据，先进行静态的面板数据类型回归分析，通过Hsuaman检验方法在固定效应模型和随机效应模型之间进行选择，根据检验结果选用具体的模型，出于稳健性考虑，本书在汇报实证结果中同时报告了固定效应和随机效应两种回归方法的计量结果。

（3）工具变量法。财政超收中税收征管效率的重要性为众多学者多次提出，其中税务部门的税收努力是影响税收征管效率的重要方面，以往学者在分析中也有提到税收任务对税收超 GDP 增长的重要作用，遗憾在于并未进行实证分析，本书意图在此点能取得突破，实证研究中必须解决的一个难点是，税收任务与预决算偏离之间可能存在内生性，本书使用地税局本科以上学历人数作为税收任务的工具变量可以较好地解决此内生性问题。

（4）SYS-SMM 方法。以上本书所用到的固定效应、随机效应以及工具变量法都是建立在静态面板数据模型的基础上，考虑到地方政府对财政超收存在路径依赖的可能性，本书建立了动态面板数据模型，并使用 SYS-SMM 方法进行实证分析。

1.3 本书的结构与可能创新之处

1.3.1 本书的结构

全书共分为七个部分，具体结构安排如下。

第 1 章为导论部分，主要是介绍本书的研究背景，并提出所要研究的问题，并简要阐述本书的研究思路和采用的研究方法，随后是对全书结构安排与可能创新之处的概括。

第 2 章为理论基础和文献综述，该部分将对本书中所涉及的财政激励理论、政治激励理论、横向财政竞争理论、纵向财政竞争理论以及委托代理理论作一个简单的介绍，同时对国内外学者的研究成果进行归纳和梳理，希望能够在理论与文献的指导下为本书的理论框架和实证研究奠定坚实理论与文献基础。

第3章是对中央与地方政府间财政分配关系变迁、地方政府治理特征以及预算制度缺陷对地方财政收入预决算偏离的影响进行简要分析。以政治激励和新财政集权理论为基础，并运用2000～2012年省级面板数据实证分析地方财政收入预决算偏离。地方政府在晋升激励之下策略性地影响预算编制依据GDP计划增长率与政绩考核核心指标GDP实际增长率，GDP超计划增长为财政超收奠定了经济基础；分税制改革后中央财政集权程度加强，地方政府在财政压力下提高税收征管效率，财政超收与中央"财力集中"正相关；地方政府在高税行业发展带来税收超预算增长情况下会调整年初预算追求超支，实证结果表明非农化程度与财政超收负相关。

第4章，本书试图在政治"晋升锦标赛"与预决算偏离之间建立一个传导机制。本章基于1997～2012年省级面板数据实证研究了地方政府竞争、财政压力与地方财政收入预决算偏离度之间的关系，研究结果表明，地方政府为吸引资本要素流入本辖区所进行的财政竞争不利于财政收入增长，地方政府竞争与预决算偏离之间是负相关关系；财政竞争使地方政府承受沉重财政压力，地方政府利用土地垄断供给者身份通过差异化供给土地谋取财政收入最大化，地方政府在预算执行过程中会因财政超收调整年初预算，财政压力与预决算偏离之间是负相关关系；跨越预算年度的财政支出增压力因不涉及预算执行过程中的收入预算调整，它与预决算偏离之间是正相关关系。

第5章，本章我们的研究重点转向了具体税收征管过程，基于1997～2012年省级平衡面板数据建立了随机效应模型，并用地税局本科以上学历人数作为税收任务的工具变量以解决税收任务内生性问题。主要结论有：地方政府在晋升激励之下策略性地影响预算编制依据GDP计划增长率与政绩考核核心指标GDP实际增长率，GDP超计划增长为地方政府追求财政超收奠定了经济基础；税务部门在税收任务刚性考核压力下会提高税收努力程度，加强征管，税收任务与预决算偏离之间呈现正相关关系。

第 6 章，税收任务与预决算偏离之间的正向关系是第 5 章的一个主要结论，但是实际税收征管中税务部门同时存在"藏富于民"与征收过头税两种激励，我们不得不对压力型税收计划考核制度与预决算偏离之间是简单的线性关系产生疑问。本章以政治激励和税收努力为理论基础，用 2000~2012 年省级面板数据构建了动态实证模型，使用系统 GMM 方法分析超计划 GDP 增长和税收计划对预决算偏离的影响。地方政府在晋升激励之下策略性地影响预算编制依据 GDP 计划增长率与政绩考核核心指标 GDP 实际增长率，GDP 超计划增长为地方政府追求财政超收奠定经济基础；地方政府与税务部门之间是委托代理关系，税务部门在税收计划刚性考核压力下会加强征管，同样有利用信息不对称优势隐匿真实税源的逆向激励，税收计划与预决算偏离之间是倒"U"形关系；预算稳定调节基金的制度性缺陷使其难以实现约束预决算偏离度过大的制度设想。

第 7 章是对全书研究总结归纳出研究结论，并在研究结论的基础上提出一些政策建议，同时指出研究所存在的一些不足以及进一步研究方向。

1.3.2 可能创新之处

本书的研究是建立在众多学者的研究成果基础之上，但与它们相比，本书可能有以下几个方面的创新之处：

（1）选题较新，党的十八届三中全会关于"新常态"下经济体制改革的一个重要特点是全面深化，跨年度预算平衡机制是现代预算制度建设中重要组成部分，而准确的收入预测是实现预算周期性平衡的前提条件，中期财政规划在 2015 年才刚刚开始引入中国预算管理，选题是比较新颖的。本书的目的是发现为何自分税制改革以来，地方财政收入预决算偏离问题愈演愈烈，深层次的原因在哪里？以往学者在讨论预决算偏离或者财政超收时多将焦距聚焦于预算制度所存在的体制机制性缺陷，本书的研究已不再局限于预算管理这个单一维度，开始引入官员治理、政府间财政分配关系以及税收计划等制度性因素，研究视角有所变化。

（2）方法创新，本书所说的方法创新主要体现在为解决税收任务所存在内生性问题时所使用的工具变量法，周黎安等（2011）在研究税收超GDP增长中曾使用过税务官员的学历作为税务局税收努力的工具变量，本书选用地税局本科以上学历人数作为税收任务的工具变量也是参考他们的研究，但他们主要是使用税务局总人数与地方政府官员总人数之比作为税收努力的工具变量，税务官员的学历并不受到他们的重视；更重要的是本书是从税收任务考核力度与地方税局官员之间的相关性而选用了本科以上学历人数作为工具变量。

（3）结论创新，一是税收计划与预决算偏离之间的倒"U"形关系，其他学者也有提及税务局在基数法税收计划编制方法与压力型绩效考核制度下，税务局有"藏富于民"和征收过头税的激励，他们已经意识到了税收计划与税收增长之间的非线性关系，但尚未明确提出倒"U"形的存在，这可能是本书在研究方面的一个创新；二是本书关于财政压力、高税行业发展与预决算偏离之间是负相关关系可能是另一结论创新，这在直觉上可能不易接受，但本书负相关性结论的得出，其实恰好为他们的研究结论提供了又一有力证据，因为他们的研究对象是财政决算收入，是预决算偏离的分子，而分母是预算收入，正是由于地方在预算执行过程中因为财政压力，积极发展高税行业带了财政收入增长好于年初收入预算编制时的预期，在地方预算管理软约束，结果就呈负相关关系。

（4）实证创新，一是以往学者研究预决算偏离时多是理论性分析，缺乏经验分析证据的支撑，本书使用静态的固定效应、随机效应模型、动态面板数据的SYS-GMM方法，为他们的理论预期提供了实证证据支持；二是关于税收任务与税收增长之间的正相关关系，学者多有理论性讨论，本书使用工具变量方法为此提供了实证证据。

中国地方财政
收入预决算偏离
问题研究

Chapter 2

第2章 理论基础与文献综述

第 2 章 理论基础与文献综述

2.1 预决算偏离概念界定

《礼记·中庸》有云:"凡事预则立,不预则废",对一家如此,一国更如是。预算过程的起点是预算编制,预算编制准确度、科学性如何直接决定了预算执行结果,进而会对宏观经济运行产生重要影响。所以各级政府都会在预算年度开始前 2~3 个月开始编制财政收入预算,并在每年年初提交本级人民代表大会审议、批准。政府编制收入预算实际是对未来财源的预测,由于受到宏观经济形势、税源变动情况、政府税收政策以及收入预测理论和技术水平的限制,所以年初编制的预算收入和预算的执行数——财政决算收入之间总会出现一定程度的差异,具体表现形式为预算年度的实际财源被低估,或者是高估,也就意味着预算执行结果是财政盈余或财政赤字。

分税制改革以来,中国地方政府预算编制的实践结果是,每年地方财政收入预测都是低估预算年度内可能汲取的财源,地方财政预算收入和决算收入之间的差异度较大,且有成为常态化的趋势,高培勇(2008)呼吁"关注预决算偏离度"。预决算偏离度概念在流行的预算管理教材中很少受到特殊关注,在中国预算管理语境中它是一个相当新颖的概念,目前对预决算偏离度概念在国内学者研究中并没有清晰明确的定义,各位学者所使用的具体名词也有所差异。目前国内学者使用较多的相似概念有预决算差异度(崔振东,2009)、预决算执行偏差率(张誉元,2012)、收入预测偏差度(赵海利、彭军,2013)和预决算偏差度(徐阳光,2011),此四种概念与预决算偏离度之间的区别在于它们是单纯从数学公式的计算来表述预算和决算之间的不同,在参数的设定方面不附加价值判断和对收入预测部门主观动机的分析。就本书而言,我们认为预决算严重脱节的现象自分税制改革后已经持续存在将近二十年,并有常态化的倾向,我们对于预决算偏离的研究不能仅停留于收入预测的技术分析上,还要分析预算制度所存在的漏洞,以及收入预算编制过程中核心参与者地方官员、财政部门和税务部门的主观动机进行深入挖掘,只有这样才能解释预决算偏离度较大的长期性。所以我们更倾向于接受高培勇的观点,要对预决算偏离稍许附加价值判断的色彩。

预决算偏离度是学术化色彩比较浓厚的名词,它的另一个同义词就是频频见诸新闻媒体、大众生活和政府工作报告、预决算报告的财政超收,财政超收也是学者研究预决算偏离度问题使用最为广泛的概念(马蔡琛,2008;王蕴,2009;王银梅,2012;孙玉栋、吴哲方,2013;乌兰、付爱兰,2013),就本书所收集阅读到的文献而言,它是由高培勇(2006)在研究中国税收高速增长之谜时作为税收高速增长的附属性概念提出。在本书的研究中,考虑到财政超收概念使用更频繁,在文意的表述方面也更容易理解,所以我们同时使用财政超收和预决算偏离度两个概念。①

为了预决算偏离能够在不同时期、不同地域之间进行量化比较,并方便后面将进行的实证量化分析,我们将对预决算偏离度以及其涉及的相关概念提出定义,并予以量化。关于预决算偏离度概念,我们使用高培勇(2008)所给出的定义,预决算偏离度是在一个完整的预算年度内,年初经立法机关所审议通过的预算和年终预算实际执行结果——政府财政决算之间出现的差异。我们使用 $Budget_{it}$ 来表示第 i 个省区市在第 t 的财政收入预算,使用 $Accounts_{it}$ 表示第 i 个省区市在第 t 的财政收入决算。所以某一个地区在某个预算年度内的预决算偏离度(RFE_{it})是:

---

① 预决算偏离包括财政超收和财政短收两部分,但在中国地方政府收入预算编制通常是"稳妥有余"而"科学性不足",所以预算执行的结果就是财政超收的普遍性存在,1997~2012年只有极少数省份在某些年度出现财政短收,而且财政短收还可能是地方政府在预算执行过程中追加、调整年初收入预算规模所致,严格说来,预决算偏离几乎等于财政超收。

第 2 章　理论基础与文献综述

$$\mathrm{RFE}_{it} = \frac{\mathrm{Accounts}_{it} - \mathrm{Budget}_{it}}{\mathrm{Budget}_{it}} \quad (2.1)$$

预决算偏离度的数值越小就说明年初收入预算的编制越科学，合理性和可信度较高，财政收入预算的预测比较正确地反映了地方政府辖区内的真实财源。如果预决算偏离度较大，就说明年初预算编制的精细化、科学化程度有待提高，这就是我国地方政府目前预算编制工作所应着力之处，目前国际上通行的预决算偏离度的合理范围是在 5% 以内。

预决算偏离度或者财政超收是我们将财政收入决算相对于预算而得到的概念，如果我们将参照的标尺换为上年度的财政收入决算，那么财政超收实际上就是财政增收的部分成果，财政增收就是国内学术界热烈讨论的税收超 GDP 增长，所以本书的研究也是建立在解释中国税收高速增长之谜的学者研究成果基础之上，财政增收的表达式为：

$$\mathrm{FAR}_{it} = \frac{\mathrm{Accounts}_{it} - \mathrm{Accounts}_{it-1}}{\mathrm{Accounts}_{it-1}} \quad (2.2)$$

地方政府在预算年度内的财政增收可以分为计划内增收和计划外增收。计划内增收是地方政府在编制每年预算收入之时已经考虑在内的，属于意料之中，它的征收已经通过立法机关的授权批准，预算作为具有法律效力的文件，预算收入规模一经确定，财税部门就必须依照法律及时、足额地征收，计划内增收同样在年初编制支出预算时，已经按照地方政府当年的施政重点和政策意图被分配到各个政府职能的部门预算。财政超收则是计划外的财政收入，属于"意外财源"，是尚未被分配使用的财政资源。由于《预算法》及其实施条例所存在制度性缺陷，财政超收与超支并不需要经过人民代表大会和常委会的事前审核批准，通常是由财政部门提出财政超收资金的使用方案，报请地方政府批准后就可动用，只需要将执行结果事后报告给人大，或者边支用边通报（高培勇，2008），虽然对于超收资金的分配方案，人大和常委会可提出要求，但更多的是建议而非强制性的规定

（王蕴，2009）。

随着大量财政超收收入的滚滚而来，地方政府获得更大的预算自由裁量权，需要强调的是，关于超收的自由裁量权应从两个层次来理解：第一，在总量意义上，地方政府获得一笔未分配的财源，地方政府预算约束条件因此而软化，但是超收的分配使用必须经过立法机关的审查批准，这是一般意义上的超收自由裁量权扩大，这也是欧美成熟市场经济国家关于财政超收资金分配使用中比较普遍的现象；第二，在预算约束控制力度意义上，如前所述，在中国地方政府预算监督实践来看，财政超收并不需要经过人大和常委会的事前批准，财政超收的动用和分配的流程在行政机关内部完成，人大的预算监督职能面对着财政超收实际上被虚化了。所以地方政府有激励在年初安排预算时"尽量的留有余地"，从图2-1可以看出，财政超收在财政增收中所占的比重在1998年最低，只有15.7%，这可能是受东南亚金融危机的影响，我国宏观经济处于通货紧缩的阶段，财政收入因经济形势的恶化所以超收有限；而最高点是2011年的68.14%，同样是面临着金融危机，但因为"4万亿经济刺激计划"所带来强烈反弹，所以可能经济的迅速好转超出了人们的预期，2010年、2011年的财政超收与增收的比重都在60%以上，其他年份两者的比值基本在30%以上（见表2-1）。

表2-1　　　　1998~2012年全国财政超收变化趋势　　　单位：亿元，%

年份	预算	决算	计划增收	超收	增收	超收占决算比重	超收占增收比重
1998	9683.68	9875.95	1032.54	192.27	1224.81	1.95	15.7
1999	10809.4	11444.08	933.45	634.68	1568.13	5.55	40.47
2000	12337.77	13395.23	893.69	1057.46	1951.15	7.89	54.20
2001	14760.2	16386.04	1364.97	1625.84	2990.81	9.92	54.36
2002	18014.83	18903.64	1628.79	888.81	2517.6	4.70	35.30
2003	20501.32	21715.25	1597.68	1213.93	2811.61	5.59	43.18

续表

年份	预算	决算	计划增收	超收	增收	超收占决算比重	超收占增收比重
2004	23570.34	26396.47	1855.09	2826.13	4681.22	10.71	60.37
2005	29255.03	31649.29	2858.56	2394.26	5252.82	7.56	45.58
2006	35423.38	38760.2	3774.09	3336.82	7110.91	8.61	46.93
2007	44064.85	51321.78	5304.65	7256.93	12561.58	14.14	57.77
2008	58486	61330.35	7164.22	2844.35	10008.57	4.64	28.42
2009	66230	68518.3	4899.65	2288.3	7187.95	3.34	31.84
2010	73930	83101.51	5411.7	9171.51	14583.21	11.04	62.89
2011	89720	103874.43	6618.49	14154.43	20772.92	13.63	68.14
2012	113600	117253.52	9725.57	3653.52	13379.09	3.12	27.31

资料来源：根据《中国财政年鉴》历年数据计算所得。

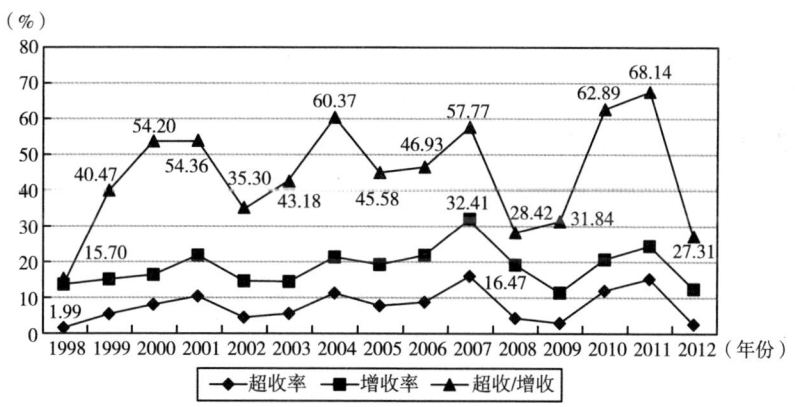

图 2-1 1998～2012 年全国超收与增收比值变化趋势

资料来源：根据《中国财政年鉴》历年数据计算所得。

我们假设某地区在某个预算年度内的财政收入计划增长率（新增税收计划）是 a，那么财政增收、计划内增收和财政超收三者之间的关系为：

$$FAR_{it} = aAccounts_{it-1} + RFE_{it} \qquad (2.3)$$

2.2 理论基础

2.2.1 官僚预算最大化理论

古典政治经济学家认为建立在普选制度基础上的代议制民主政体下的政治家和官僚之所以从事政治活动的目标是实现社会福利的最大化，政府是社会性的，它没有自我利益，政治家和官僚作为执行民意的代表是以维护公共利益作为其政府行为决策的最高指导方针。Buchanan（1967）认为政治家和官僚作为经济市场和政治市场的同一个参与者，如果认为政治家和官僚在政治市场上是天使的化身，其公共行为决策动机以社会利益最大化为己任，而在经济市场上就以个人效用最大化的自利行为作为其决策依据，同一个人在公共领域和私人领域却有完全不同的行为动机，这在逻辑上就是自相矛盾的。Downs（1957）以"理性经济人"概念为基础提出了"理性政治人"假说，他认为政治家和官僚在公共产品和服务的供给决策中会优先考虑个人政治、经济利益，他们作为政治市场参与者同样追求的是个人利益最大化。传统的观点认为官僚没有竞选连任的政治压力，可以超脱于党派之争，所以他们可以贡献其专业技能和大量信息以帮助政治家做出正确的公共决策，他们更多被视为受过良好专业培训的公共决策执行者，更加专注于长期内的社会福利最大化。Tullock（1967）指出政治家对官僚的控制力随着机构规模的增大而被削弱，官僚机构的人数越多，政府机关的科层结构越复杂，那么政治家贯彻其政策意图所遇到的阻力也就越强，这也就意味着官僚也不是超人，他们不仅仅是政治家决策的具体执行者，他们对公共决策也能够发挥实质性影响力。Niskanen 在 1971 年出版了《官僚机构与代议制政府》一书，他认为官僚的目标函数中包含着各种 P 的自利性变量，具体包括权力

第 2 章　理论基础与文献综述

(power)、声望(prestige)、报酬(pay)、提拔(promotion)、特权(perquisites)等，所有这些变量都具有的共性是它们与预算规模是正相关关系，也意味着官僚的效用最大化目标函数的实现策略就是预算规模最大化。

因为官僚在供给公共产品和公共服务的过程中，他追求的不是金钱收益，他的效用与所服务机构的预算规模联系更加密切，我们假设官僚机构预算规模（Budget）是公共产品数量（G）的函数，两者的函数关系是：

$$\text{Budget} = aG - bG^2 \quad (2.4)$$

其中 a 和 b 是参数，且 a > 0；b > 0。

官僚自己并不承担提供公共产品的生产成本，它是依据税法的规定向辖区的居民通过税收的形式来弥补，公共产品的生产成本函数也是公共产品产量的函数，两者间的函数关系为：

$$\text{Cost} = cG + dG^2 \quad (2.5)$$

其中 c 和 d 是参数，且 c > 0；d > 0。

官僚的追求是预算规模最大化，即 Max Budget = Buget(G)。

官僚面临的约束条件是：

$$\text{Budget}(G) - \text{Cost}(G) \geqslant 0 \quad (2.6)$$

公共产品社会最优供给水平的均衡解是在边际收益等于边际成本：

$$MB(G) = MC(C) \quad (2.7)$$

因为 MB = a − bG；MC = c + dG，所以公共产品社会最优产量 $G^* = \dfrac{a-c}{2(b+d)}$。

但官僚偏好的公共产品供给水平不可能是 MB(G) = MC(C) 的社会最优水平，他们会继续扩大公共产品的供给量，一直到 Budget(G) = Cost(G) 才会停止，此时官员偏好的公共产品最优解是

$$G^{\bullet} = \frac{a-c}{b+d}。$$

对比公共产品的社会最优解 G^* 和官僚偏好最优解 $G^{\bullet}$ 可以发现，官僚偏好最优解是社会最优解的两倍，公共产品的过多供给不利于稀缺性资源的优化配置，最终造成社会福利的损失。官僚对预算规模的天然追求使预算收支规模不断膨胀，官僚机构之所以能够在公共产品供给水平和预算拨款额与政治家和民众的博弈中达到利己的目的，主要是因为两个方面的原因：一是官僚机构是公共产品的唯一生产方，政治家又不能不购买官僚所提供的服务，官僚机构享有卖方垄断优势，政治家作为公共产品的唯一购买方和资金提供者，享有买方垄断优势，政治家和官僚之间是双边垄断关系；二是官僚结构对公共产品的生产成本函数拥有更多的信息，政治家主要关注的是竞选连任，没有充足的时间和动机去了解生产过程中的知识和信息，官僚机构可以利用生产成本函数的信息不对称优势与政治家进行讨价还价，公共产品的垄断性供给与官僚政绩不易量化考核等特点也给了官僚进行博弈的空间。

尼斯坎南的官僚预算最大化理论是第一次以数学的形式描述官僚的行为的，而且理论的推演与公众日常生活上的心理感受相契合，所以在欧美国家的经济学、政治学界引起广泛关注。Migue 和 Belanger（1974）指出预算最大化理论中官僚把预算全部用于生产公共产品的假设与实际情况并不符合，他们认为官僚机构最关心的是预算拨款超过公共产品生产成本，官僚享有自由裁量权的预算规模，而不是总预算，他们也承认自由裁量预算受制于总预算规模。Niskanen（1975，1991）接受了 Migue 和 Belanger 的批评，对其原始模型进行了修正，官僚机构致力于自由裁量预算的最大化，放弃了官僚机构追求预算规模最大化的初始假设。尼斯坎南的理论仍旧遭到一些学者的质疑[1]，

---

[1] 马骏，周超，於莉. 尼斯坎南模型：理论争论与经验研究 [J]. 武汉大学学报（哲学社会科学版），2005（5）：674-680.

尼斯坎南的重要贡献在于，如何协调政策制定者和具体执行者之间利益目标不一致的问题，作为委托方的政治家如何设计激励机制才能确保代理人会按照符合自己利益的方式采取行动。

2.2.2 财政竞争理论

Hayek（1945）认为，与中央政府相比，地方政府在掌握辖区内居民异质性偏好信息方面具有比较优势，所以由地方政府负责提供辖区内的公共产品和服务会比中央政府更有效率。中央和地方政府之间在提供公共产品方面的信息不对称要求进行分权管理才能最有效地供给公共产品和服务，提高资源配置效率。地方政府既然承担辖区内公共产品供给的支出责任，权利与义务的对等性要求地方政府必须分享与支出责任相适应的财源。现代市场经济国家，无论是联邦制政体还是单一制国家，普遍实行财政联邦主义制度，即分税制财政制度。在财政联邦主义制度下，地方政府不仅仅是一级行政机构，逐渐成为具有强烈的自我经济利益诉求的经济主体。由于税基的流动性和财政政策外部性的存在，因此自利的利维坦型政府，为了吸引流动性的资本、劳动等有价值经济资源到本辖区投资、工作，实现辖区财政收入最大化，必然会进行财政竞争（Brennan and Buchanan，1980）。财政竞争与财政分权体制相伴而生，而与国家采用何种政体无关（黄纯纯、周业安，2011）。改革开放以来，中央政府为了提高地方政府发展经济的积极性，开始推行放权让利的经济改革，财政承包制和分税制的实施肯定了地方政府可以分享辖区经济增长成果，而且工商、税务、投资等经济管理也下放给地方政府，中国财政分权制度的实施与不断深入，为地方政府进行财政竞争提供了制度基础和激励。地方政府间财政竞争手段分为财政支出竞争、税收竞争和制度竞争，考虑到税收竞争可以直接降低资本要素所承担的实际税负，而且在财政竞争的初始阶段，由于存在信息的沟通和搜索成本，税收竞争可以向潜在的投资者发送强烈的"欢迎"信号，虽然地方政府竞争经济资源的策略出现分化，但是税收竞争仍是地方政府竞争的基本工具。

　　Tiebout（1956）年发表的《一个关于地方支出的纯理论》一文是税收竞争的理论起源，该模型也被称为"用脚投票"模型。Tiebout 同样强调地方政府在了解辖区居民异质性公共产品需求偏好信息方面的优势，他的重要贡献是发现了辖区居民流动性对实现公共产品帕累托最优的重要性。Tiebout 认为追求效用最大化的理性居民，会在众多提供不同公共产品供给水平和税收组合类型的地方政府之间选择最能满足自身偏好和利益需求的辖区居住。如果某个辖区的公共产品供给水平和税收组合方式与居民的偏好不一致，那么居民就以"用脚投票"的方式显示自己的真实偏好，这就迫使地方政府的财政决策要更好地反映辖区居民的偏好。居民的自由迁徙权与财政分权基础上的市场竞争机制相结合，要求地方政府提高财政收支效率，在降低辖区公共产品单位成本的基础上提高居民享受的公共服务。Stigler（1957）指出在多级政府结构下，地方政府更接近辖区居民，所以更容易辖区居民的公共产品偏好，地方政府之间的相互竞争有利于提高资源配置效率，实现社会福利最大化。Oates（1972）指出"用脚投票"模型中关于税收竞争没有外部性的假设，与事实并不一致，进而对 Tiebout 关于地方政府竞争能够达到帕累托最优的结论提出质疑，他认为由于居民和企业的流动性，地方政府为吸引企业投资和居民工作，会尽量压低税率，提供税收优惠，激烈的税收竞争存在扑向底部的竞争的现象（race to the bottom），这会导致地方政府缺乏足够的财政资源用于弥补公共产品的生产成本，最终结果是流动性的企业和投资获益，而地方福利受到损害。Mieszkowski 和 Zodrow（1986）基于 Oates 税收竞争外部性导致税收竞争无效的思想构建了规范化的税收竞争模型，也被称为标准税收竞争模型，在此对其理论模型予以简单介绍。标准税收竞争模型的假设条件有：

第2章 理论基础与文献综述

国家或经济体内部存在较多的同质地方政府辖区,而且每个辖区都小到不能单独影响全国或整个经济体;辖区内居民的偏好和禀赋也是同质的。

每个地方政府辖区内的竞争性企业使用资本 K 和劳动 L 两种生产要素生产相同的私人物品;资本要素具有完全流动性,资本总额固定;劳动要素则由本辖区居民提供,劳动力的数量等于辖区居民数,劳动力不可流动,且供给无弹性。

地方政府辖区内代表性居民的私人收入来源仅有工资收入和资本投资收益。

仁慈型地方政府的执政目标是致力于辖区内居民效用的最大化,地方政府供给公共产品的融资渠道是资本税和人头税。

地方政府辖区内企业的私人物品生产函数是规模报酬不变的新古典生产函数:

$$Y_i = F(K_i, L_i) \qquad (2.8)$$

即辖区(I)的竞争性企业的总产出(Y)是资本(K)和劳动要素(L)供给的函数,其中劳动要素供给量等于辖区居民数量(N);辖区内人均资本数量为 $f(k_i)$,资本的边际生产力为 f'_k,假设边际产出为正且递减,即:

$$f'_k > 0, f'_l > 0, f''_k < 0 \qquad (2.9)$$

辖区内资本税的税率为 t_i,则辖区人均资本 k_i 是关于资本税率的函数,即 $k_i(t_i)$,在资本要素的完全流动性和地方政府之间的竞争的综合作用下,当达到均衡状态时,各个地方政府辖区内资本要素的税后收益率 r 是相同的,公司利润最大化的一阶条件满足:

$$r + t_i = f'_k \qquad (2.10)$$

在式(2.10)的两边同时取资本税率 t_i 的导数,得到 $f''_k \dfrac{\partial k_i}{\partial t_i} - 1 = 0$,则有

$$\frac{\partial k_i}{\partial t_i} = \frac{1}{f_k''} < 0 \qquad (2.11)$$

从式（2.11）可知，辖区内人均资本数量和资本税率之间是负相关关系，也就是说，资本税的征收存在扭曲效应，可能减少本辖区资本流入量。

地方政府施政目标是辖区居民效用最大化，我们假设辖区内代表性居民的效用函数为 $U(x,g)$，其中，x 和 g 分别为私人物品消费量、公共产品消费量，私人物品和公共产品均为正常消费品，效用函数是严格拟凹的二次可微函数，居民消费私人物品的收入由其本人的工资收入 w_i，资本收益，同时减去个人承担的人头税；公共产品的供给由地方财政负责，则有：

$$w_i N_i = F - K_i F_k \qquad (2.12)$$

可将式（2.12）改写为 $w_i = f - k_i f_k^i$，其中 $k_i = K_i / N_i$，对工资收入求资本税率的导数可得到 $\frac{\partial w_i}{\partial t_i} = -k_i < 0$，可见资本税率和居民工资收入两者间同样是负相关关系。

假设一个国家或经济体的资本供给总量为 $\overline{K}$，全国或经济体的总人口为 $\overline{N}$，那么每个居民的初始人均资本拥有量为 $\overline{k} = \overline{K}/\overline{N}$，所以每个居民的资本收益为 $r\overline{k}$，再假设各地方辖区均采用固定的人头税 h，则居民个人总收入为：

$$x = w_i + r\overline{k} - h = f - k_i f_k' + r\overline{k} - h \qquad (2.13)$$

地方政府征收资本税和人头税两种税收，每个居民所承担的税负为 $t_i k_i + h$，假设公共产品的消费没有外部性，公共产品的平均生产成本是 c，地方政府为辖区内居民提供的公共产品为 $g = (t_i k_i + h)/c$，那么辖区代表性居民的效用函数可以改写为：

$$U(x,g) = U(f - k_i f_k^i + r\overline{k} - h, (t_i k_i + h)/c) \qquad (2.14)$$

且 $\frac{\partial U(x,g)}{\partial x} > 0, \frac{\partial U(x,g)}{\partial g} > 0$。

地方政府将其全部的财政收入（$t_i k_i N_i + h N_i$）用于提供数量为 cgN_i 的公共物品，则地方政府供给公共产品的预算约束条件是：

$$t_i k_i + h - cg = 0 \qquad (2.15)$$

如果公共产品的融资完全依靠人头税，因为人头税 h 的征收不会对居民的行为造成扭曲，所以辖区居民的效用函数不会受人头税征收的影响，即 $U_h = 0$。

资本是具有流动性的，资本税的征收会影响到资本所有者到本辖区投资的积极性，所以地方政府设定资本税率 t 时必须考虑税收竞争的外部性，辖区面临的约束条件为：

$$r = f_k^i - t_i \qquad (2.16)$$

使用拉格朗日方法求居民效用最大化：

$$L = U(x,g) = U(f - k_i f_k^i + r\bar{k} - h, (t_i k_i + h)/c) + \lambda(f' - t_i - r) \qquad (2.17)$$

$$U^i(x,g) = \frac{\partial U}{\partial x}\frac{\partial x}{\partial t_i} + \frac{\partial U}{\partial g}\frac{\partial g}{\partial t_i} = 0 \qquad (2.18)$$

$$\frac{\partial U}{\partial x} = \frac{-\partial x/\partial t_i}{\partial g/\partial t_i} = \frac{ck_i}{k_i + t_i \frac{\partial k_i}{\partial t_i}} = \frac{c}{1 + \frac{t_i}{k_i}\frac{\partial k_i}{\partial t_i}} = \frac{c}{1+\varepsilon} \qquad (2.19)$$

因此，$\frac{U_g^i}{U_x^i} = \frac{c}{1+\varepsilon}$，资本的税率弹性 $\varepsilon = \frac{t_i}{k_i}\frac{\partial k_i}{\partial t_i}$，且 $\varepsilon < 0$。

前面我们提到，如果地方政府仅征收人头税弥补公共产品的生产成本，税收不会对税基产生扭曲作用，此时社会的边际收益等于公共产品生产成本，即 $\frac{U_g'}{U_x'} = c$，此时辖区最优税率为 t，但是当存在税收政策的外部性时 $\left(\frac{\partial k_i}{\partial t_i} < 0\right)$，此时资本税收的征收会影响到资金的流动

方向，社会的最优条件发生改变，地方政府再按照 $\dfrac{U'_g}{U'_x} = c$ 来设定税率，那么辖区社会福利会受到损失：

$$U'_t(x,g) = \frac{\partial U}{\partial x}\frac{\partial x}{\partial t_i} + \frac{\partial U}{\partial g}\frac{\partial g}{\partial t_i} = k_i\left(\frac{\partial U}{\partial x}\frac{1}{c} - \frac{\partial U}{\partial x}\right) + \frac{\partial k_i}{\partial t_i}\frac{\partial U}{\partial g}\frac{t_i}{c} = \frac{1}{f''_{kk}}\frac{\partial U}{\partial g}\frac{t_i}{c} < 0$$

(2.20)

地方政府为竞争流动性的资本要素所进行的税收竞争必然使实际税率低于最优税率，地方财政收入的减少进而限制了地方政府为本辖区提供公共产品和服务的能力，社会福利也因此受到损失。自改革开放以来，地方政府自主性不断提高，财政承包制和分税制财政体制的改革，政府间的行政性分权，为地方政府追求财政收入最大化提供了制度基础和发展动力，为了吸引资本要素到本地区落户投资，地方政府竞相提供各种税收优惠，税收竞争严重约束了地方政府提供教育、医疗、环境保护等民生性公共产品的财政能力，有限的财政资源被投入更能显示政绩和推动辖区经济增长的经济性公共产品供给中，为了汲取足够财源以减轻横向税收竞争所造成的财政压力，地方政府开始伸出"财力集中"，表现为地方预算外收入和制度外收入规模的膨胀。

地方政府为了避免辖区内流动性税基的流失倾向于在资本税率的安排上进行扑向底部的竞争（race-to-bottom），资本要素的"用脚投票"抑制着地方政府增加辖区宏观税负的努力（王守坤、任保平，2008；王美今等，2010），这表现为地方政府间的收入竞争策略反应函数的斜率为负值；税收竞争只是财政竞争的收入策略一翼，地方政府积极招徕企业落户投资的另一政策工具就是改善辖区基础设施（张军等，2007），郭庆旺、贾俊雪（2009）的研究成果表明，中国地方政府间存在财政支出竞争的策略互动行为，无论是财政总支出还是分项目的财政支出，总体而言均存在显著的策略互动行为，且策略反应函数的斜率向上倾斜，也就是说财政支出竞争的激烈程度刺激着地方政府增加财政支出。从众多学者关于地方政府间横向的税收竞争与支出竞争的讨论中，我们可以发现地方政府面对着"用脚投票"的资本要素所有者讨价还价的筹码似乎更少，比较合乎逻辑的推论是地方政府征税态度消极引起财政收入增速下降，财政支出的刚性增长压力增强，地方政府预算收支难以平衡，财政赤字的积累会给地方政府带来沉重的债务负担，引发财政危机。众所周知，中国财政收入占国内生产总值的比重在经历了财政承包制时期的长期下降后，在分税制改革后成功实现了"V"形反弹，财政收入的增速远高于国内生产总值（GDP）的同期增速，税收的超 GDP 高速增长之谜也引起各方面的关注。地方政府间横向税收竞争难以解释财政收入占比的动态变化，政府间纵向税收竞争开始进入学者的研究视野（郭庆旺、吕冰洋，2006；吕冰洋，2009；汤玉刚、苑程浩，2010；吕冰洋、郭庆旺，2011；汪冲，2011，李明等，2014）。总体而言，这些学者的共同特点是均强调分税制改革对地方政府改变征税态度，加强税收征管，提高征管效率对税收超 GDP 增长的重要作用。不同之处在于，两者对于分税制改革的税收激励作用侧重点有所不同。一派是强调分税制改革在中央和地方政府之间形成了稳定的税收分权契约形式，分税制管理体制下中央和地方分占税收所有权和税收比例分成这种税权配置契约形式更能激励地方政府提高税收组织效率，而且中央监督地方政府税收努力的成本较低；而财政承包制时期的定额分成合同和比例分成合同则使中央难以分享经济增长的财政收益，中央和地方的机会主义行为也使包干合同的交易成本太高（郭庆旺、吕冰洋，2006；吕冰洋，2009；吕冰洋、郭庆旺，2011）；在第二派对第一派关于中央和地方之间长期稳定的税权契约是激励地方政府提高征管效率的内生原因提出质疑，他们认为分税制改革后，中央持续地加强税收集权，并且不断规范地方预算外收入，政府间财政收入分配合同并不稳定，中央（上级）政府基于政治和行政权威，对地方（下级）政府实施的税收驱赶和挤压的利维坦行为实际是一种纵向税收竞争

(汪冲，2010)。由于中央和地方政府面对着共同税基展开税收竞争，因此双方都不会将自身税收征管行为的外部性考虑在内，"公共池塘"效应的存在推动着实际均衡税率的上升，如果不同层级政府之间的纵向税收竞争效应在政府间纵向、横向财政分配关系中居于主导地位，那么实际税率就会走高。汤玉刚、苑程浩（2010）认为在"中国式分权"制度下，中央政府的纵向税收竞争并没有引起地方政府针锋相对的硬竞争，地方政府通过向下政府转嫁财政财力与体制创新两种手段来弥补中央税收集权所造成的财政收入损失，其中提高税收征管效率就是下级政府应对纵向税收竞争的重要创新策略。

2.2.3 政治激励理论

前面我们曾经提及中国地方政府预决算偏离是以财政超收为主，自由裁量预算最大化和财政竞争使我们实际上分别讨论了财政超收的特殊性，政府间纵向、横向财政竞争对地方政府征税态度积极性的影响，但是我们尚未对税基—辖区经济规模展开论述。关于中国经济在改革开放后成功转型，连续三十多年保持年均约10%的速度在高速增长，现有文献研究形成了两种解释理论。第一种是"市场维持型财政联邦主义理论"，该理论认为中央和地方间的财政分权"搞对了激励"，地方政府可以分享辖区经济增长成果的剩余，在财政收入最大化的激励下，地方政府会致力于改善辖区市场环境，竞争流动性经济资源，在辖区经济高速增长的同时也为地方财源奠定了坚实的经济基础。"市场维持型财政联邦主义理论"是从经济和政治制度角度出发来解释财政承包制时期的中国经济增长，由于它更多的是基于财政承包制分权制度经验所总结的理论，中央政府经常利用其主导政府间财政分配关系规则制定权的权力去采取机会主义行为（王绍光，1997），财政包干合同是经常变动的，随着分税制财政体制的推行，中央税收集权趋势明显，为何地方政府推动经济增长的热情并未受到明显影响（周黎安，2007）。如果财政收入最大化作为地方官员的目标函数，问题在于财政收入与官员本人的收入、福利并不直接挂钩，财政收入更多的是地方官员行为决策的预算约束条件（杨其静、聂辉华，2008），那地方官员推动经济增长深层次动力源自何处？"市场维持型财政联邦主义理论"虽然强调制度对经济增长的重要作用，但它并没有阐明地方官员在实际政治决策过程和现实制度环境中为何一定要做出改善市场的抉择，它简单地认为流动性资本的退出威胁会损害辖区税基的扩大，是地方官员面临的主要压力，实际上仅考虑了地方官员的"经济人"属性，而忽视了地方官员同时是政治市场参与者的身份特征。改革开放进程中出现的市场分割、地区保护主义以及重复建设问题等问题，在其理论框架中不能得到很好的解释，该理论的解释力就开始受到严重挑战。

以锦标赛理论为基础的政治激励理论注意到了地方官员"政治人"的属性，政治激励理论重视改革开放后中国干部人事管理制度对激励官员发展辖区经济的重要作用，该理论认为在经济建设为中心、一心一意谋发展的时代背景下，中央考核和选拔地方官员的标准由以政治表现为主转变为以经济发展绩效为主，地方官员为了在"政治晋升锦标赛"中寻求晋升优势的最大化，有极大的热情推动辖区经济的高速增长。现有关于政治激励的研究成果有三类代表性表述，分别是周黎安（2004，2007）的晋升指标赛，张军等（2005，2007）的为增长而竞争，徐现祥等（2005，2007，2010）的经济增长市场论。

（1）周黎安（2004，2007，2008）对"市场维持型财政联邦主义"关于财政分权和行政分权是激励地方政府官员发展经济的基本和长期源泉的观点提出质疑。他认为中央和地方之间的行政和财政分权契约只是行政管理性质的向下授权，政府间的分权合同在确定后也经常按照有利于中央利益的取向进行调整和变动，但是地方官员推动经济增长的热情丝毫不受政府间分权合同变动的影响，周黎安认为激励地方官员发展经济最基本和最长期的动力源是地方官员围绕 GDP 增长所展开的"政治晋升锦标赛"。改革开放后中央依托干部人事和行政方面高度集权的有利条件为地方政府设计了一套主要以 GDP 增长率为考核标准晋升竞赛。中国地方官员"晋升竞争锦标赛"的两个典型特点为关心仕途的地方官员提供了经济发展的强激励：第一，中国干部人事管理制度是"下管一级"以及"块块管理"的行政管理体制给予了上级政府在辖区内的下级政府之间推广以 GDP 增长为基础的晋升竞争，"锦标赛"对参赛选手的年龄限制和逐级淘汰的比赛规则对希冀出人投地的地方官员施加了强烈的政治晋升压力；第二，中国的政治市场是一个非常封闭的"内部劳动力市场"（周黎安，2007），长期以来，地方官员没有选择自由退出的权力，更多的是被上级政府开除或者罢免，这就给地方官员在寻求政治市场以外的市场机会时传递出地方官员弱发展能力的信号，对于在个人效用最大化函数中政治利益变量占据重要地位的地方官员而言，政治市场内外的收益有着巨大差别，所以地方官员一旦选择参加晋升竞争就可能会被锁住，最优的选择就是按照上级政府的偏好来配置自身的努力，争取获得晋升机会。当中央（上级）政府以可度量、易比较的经济发展绩效取代"政治挂帅"作为地方（下级）官员考核的核心标准时，地方（下级）官员就矢志推动辖区经济在有限任期内的高速增长。所以中国的地方官员治理制度搞对了政府官员的激励，这才是理解改革开放以来中国经济高速增长之谜的关键线索。

"政治锦标赛"模式成功实施必须满足几个基本的条件：①中央（上级）政府拥有对地方（下级）官员的人事任命权，干部人事权的集中可以保证中央（上级）政府根据地方官员的发展绩效来决定奖惩，1984 年中央下放干部人事管理权限，由下管两级变为下管一级的干部管理制度，干部人事制度的改革为上级政府通过人事任命权调动下级政府参与经济发展提供了制度保障；②上级政府考核和选拔下级官员的标准必须是可度量的，客观性的指标，上下级政府之间和同级地方政府之间关于发展结果的信息能够做到对称，"锦标赛"的公平、公开、公正的推行对地方官员是否参与竞赛以及参赛态度至关重要，如果考核的标准是模糊的、主观的，那么地方官员的激励就会被扭曲；③地方官员参赛成绩是可分离和比较的，中国地方政府"M"形经济结构为上级政府比较不同辖区官员的经济发展绩效，观察地方官员努力程度、发展和治理能力，提供了可行性；④晋升承诺的可信性，下级官员在参与"晋升锦标赛"中的积极性与晋升承诺的可信性密切相关，只有当他预期到上级政府会兑现事前承诺时才会积极投入辖区经济发展中。在"晋升锦标赛"中，上级政府提拔下级官员并不需要付出额外的资源，所以没有改变事前承诺的动机，而且上级官员也是"晋升锦标赛"制度的获益者，他们本身也有动力维护竞赛的正常运转；⑤地方政府官员拥有能够控制和影响考核绩效的权力和政策工具，中国目前仍然处于由计划经济向市场经济的转型过程中，政府与市场的边界尚未完全理顺，虽然中央政府收回了工商、税收、质量监督等曾经下放的权力，但是地方官员对重要经济资源仍拥有较大的自由裁量权，例如，地方政府为吸引流动性资本要素在招商引资大战中零地价提供土地，为企业提供税收优惠，银行贷款担保等；⑥作为参赛选手的地方官员之间不能形成合谋，如果地方官员之间达成政治晋升利益分配方面的共识，那么就可能出现"集体偷懒"的情况，上级政府的偏好和利益就会被忽视，"锦标赛"模式会失效，由于政治晋升与否对地方官员而言有着巨大的利益差别，因此在中国高度竞争是常态，合谋不易出现。

（2）张军等（2005，2007a，2007b）认为，改革开放后中央政府对"发展是硬道理""发展是第一要务"的重视产生了强烈的经济增长需求，并通过"中国式分权"治理模式搞对了政府官员激励，推动经济高速增长在各级政府官员之间能够达到思想和行动的高度共识。他们认为中国分散的财政分权体制为激励地方政府发展辖区经济提供了动力和能量,地方政府发展经济不仅可以分享经济增长的财政收入剩余,而且也与中央政府的经济增长偏好相一致。中央在以经济分权促使地方官员发展经济的同时,也用垂直集中的政治管理体制保留了奖励和惩罚地方官员的权力,从而保证地方政府官员的行为与中央的目标偏好保持兼容性。干部人事管理改革中的有限任期制和官员异地交流制度改革的推行,具有以下几个方面的优点:①地方官员的人力资本能够得到持续的更新,有利于提高地方官员的行政效率和地方治理水平;②高级官员65岁退居二线的制度惯例客观上限制了官员任期,有利于强化中央对高级官员人事任命的发言权,中央拥有人事任命的完整决定权对于激励地方政府官员发展辖区经济和推动市场经济转型具有重要作用;③官员异地交流制度的建立有利于经济发展经验在不同地区的传播,增强地区间和部门间的合作,客观上也限制了地方官员的任期,利于减少腐败和克服官员惰性,其更隐蔽的收益是中央通过干部异地交流能够掌握实际情况,解决信息不对称问题。经济分权为地方政府提供了经济发展的激励,政治集权又激励和约束着地方政府努力方向和行为选择,中国"M"形的组织结构为中央评估和考核地方发展绩效可供了条件,地方政府之间形成了向上负责的标尺竞争机制,为增长而竞争成为地方官员的共识。

(3) 徐现祥等 (2005,2007,2010) 认为,中央政府基于地方官员辖区内经济绩效的政绩考核标准形成一个买方垄断的经济增长市场,中央政府作为政治晋升机会的唯一供给方,需求的是经济增长,而地方官员作为追求政治利益的需求方,必须同时与其他参赛选手一起竞争极度稀缺的政治晋升资源,在这场向上负责的经济增长竞争"锦标赛"中,只有那些在有限任期内能够推动辖区经济以更快速度增长的地方官员才最有可能得到中央政府对其治理与发展能力的认可从而得到晋升。

2.3 文献综述

2.3.1 地方财政收入预决算偏离中预算制度因素

地方财政收入预决算偏离是相对新颖的概念，而财政超收概念却广泛使用于新闻媒体和政府报告中，但两者在学术研究中均未受到足够重视。财政超收由高培勇（2006）作为税收超 GDP 增长的附属性概念提出，财政超收是财政增收的一部分，属于计划外的财政收入，它的一个重要特点是没有得到人大的授权；后鉴于财政超收导致预决算偏离问题愈演愈烈，高培勇（2008）呼吁关注预决算偏离度，预决算偏离概念开始独立于税收超 GDP 而存在。他认为财政超收是预决算偏离的主要矛盾，地方政府对待财政超收的态度由被动接受变为主动追求，是因为在预算编制阶段的"留有余地"、预算执行阶段的"层层加码"以及预算监督阶段的超支"直通车"，所存在的体制机制性缺陷；同年，高培勇在接受韩霖和赵薇薇（2008）的访谈中指出预决算偏离过大意味着相当一部分财政收入没有经过人大的审批，预算作为各级人大审批后才能生效的法律文件，预决算偏离度过大会导致预算法治权威受到挑战，不利于人大通过预算控制政府支出规模。从高培勇对预决算偏离的开创性分析中可以发现，他主要是从预算制度在编制、执行、审查三阶段出发来论述预决算偏离度持续性偏大的原因。

国内学者在对预决算偏离的分析大多是基于高培勇的三阶段说展开，王蕴（2009）指出分税制改革后的财政超收有向常态化发展的趋势，他认为在预算编制环节的年度预算、落后的增量预测方法以及在 GDP 计划增长率基础加几个百分点编制方法共同造成了财政超收；王银梅（2012）运用尼斯坎南修正后的自由裁量预算最大化理论分析了负责预算编制财政部门的主观动机，认为财政超收是财税部门为了获得预算的自由裁量权而在编制阶段故意低估财政收入；廖家勤（2013）指出农业、教育、科技等法定支出严重侵蚀着地方可用财力规模，损害了地方预算编制自主权；马骏和於莉（2007）指出作为核心预算机构的财政部门为了规避农业、教育、科技等法定支出对财政部门进行支出控制所带来的困境，有动机采取年初低估经常性收入增速的"缩水式"策略来应对法定支出的增长规模。

冯海波（2009）认为在税收计划这种刚性激励约束机制下，中层税务部门和地方政府为转嫁本级财政压力，在分解税收计划过程中倾向于在本级税收计划指标的基础上在加若干个百分点，并将下级税务部门领导和工作人员的政治晋升、物资福利与税收任务的完成情况实行挂钩，这种指令性的税收计划保证了税收即使面对金融危机仍能够保持超 GDP 增长；马蔡琛（2008，2009）指出预算管理部门之所以倾向于对收入预测采取保守性态度，是因为预测误差对预算管理部门的效用损失函数不对称，预算部门要为乐观性收入预测付出更大的代价，具体到中国，因为负责税收征管工作的税务部门，面对着压力型税收计划绩效考核评价制度与税收计划分解落实中的"层层加码"问题，所以他们在实际税收征管中会根据税收计划的完成情况，运用征管自由裁量权来保持适度的税收征管松紧度。

马岭（2010）认为《预算法》只明令禁止"短收"而没有关于"超收"的规定以及"预算调整"规定不尽合理使财政超收与超支极易躲过人大审议；王蕴（2009）指出我国财政超收的使用实际上是"报告制"，超收的动用和分配往往由财政部门提出分配方案报请政府批准后即可执行，事后将执行结果通报人大，人大虽然可以对超收资金的分配提出要求，但对行政机关并不具备强制性；乌兰和付爱兰（2013）认为在财政超收的多种因素中，最根本的原因是我国现行预算制度中预算民主因素的缺失，预算过程中民主、法治等精神理念的缺位给了政府部门脱离预算控制，操纵财政超收提供了自由裁量空

第 2 章 理论基础与文献综述

间；於莉（2007）指出各级人大作为预算过程中名义上的财政资源审批者，实际上对于预算资源的最终决定权并无实质性的影响力，只有地方党政最高领导才具备影响预算议程、决策以及参与者关系的能力，他们才是地方财政资源配置的最终审批者，中国地方预算过程实际是一种"市委领导下的行政主导预算"模式。

从上述多位学者的研究成果中可以发现，预决算偏离度过大的背后始终闪现着"看得见的手"在发挥作用，所以地方政府的行为决策动机是我们分析预决算偏离必须考虑的重要因素，政治因素的存在可能是造成我国预决算偏离度持续性存在的真正原因。

徐阳光（2011）认为虽然收入预测方法、经济周期等客观因素会造成预决算偏离，但收入预测中保守性估计的主观动机才是影响预测结果的主要因素，收入预测面临的主要挑战来自政治和法律，而非技术与方法；赵海利和彭军（2013）指出中国地方财政超收已经严重偏离了国际通行预决算偏离度低于5%的合理范围，地方政府对拥有更高自由裁量权的财政超收的渴求严重影响着预算方案的公信力和可靠性；赵海利和吴明明（2014）指出中国财政分权改革赋予了地方政府分享辖区财源的自主权，同时中国地方官员晋升和考评机制指示地方官员努力方向，在扩大税基和政治晋升的双重激励下，地方政府为增长而竞争使GDP实际增长率常年高于中央年初设定的GDP计划增长率，为了降低政治因素对收入预测科学性的严重干扰，可以考虑向独立性较强的第三方购买更客观、更科学的收入预测服务。欧美成熟市场经济国家的学者在研究收入预测差异度时对于经济周期会造成收入预测误差能够达成一致，他们研究的重点是政治因素的影响。Paleologou（2005）分析英国财政收入预测实践时发现选举因素确实对财政收入预测有显著影响，收入预测在选举前、选举年与选举后有明显不同；Bischoff 和 Gohout（2010）进一步指出执政党支持率越低，其连任可能性越小，就越有可能高估财政收入；Krol（2014）指出财政收入预测部门面临的压力或者激励会引起收入预测偏差，而对真实 GDP 增长预测是渠道之一，他的研究结果表明美国行政和预算管理局（OMB）在预测 2~5 年期限的真实 GDP 增长方面有高估趋势，国会预算办公室（CBO）则相反。

各级人大和常委会作为财政资源分配的最终审批者，对于预决算偏离问题长期难以发挥实质性的监督作用，一方面是因为《预算法》存在的制度漏洞，财政超收的使用并不需要各级人大和常委会的审查批准，预算事中监督职能作用被虚化；另一方面是因为作为立法机关支配"钱袋子"的核心预算权力——预算修正权缺失，所以各级人大和常委会对于每年政府部门所编制提交的预算草案只有整体通过或整体否决两个选择，考虑到否决预算实际上是对地方主政领导投下了不信任票，在当前政治结构下会严重冲击政治、经济和社会秩序的稳定（林慕华，2009），即使部分人大代表对于预算草案有意见，但仍旧会投赞成票。魏陆（2014）、於莉（2010）都注意到，在预算决策过程中由于预算草案在提交人大审议通过之前，已经提请政府常务工作会议和本级党委常委会讨论通过，由于人大代表中党员占据相当比例，而且人大常委会主任多由地方党委书记兼任，所以在人大会召开期间的预算修正权难以得到真正落实；林慕华和马骏（2012）也认为在现行政治和预算制度下，在人大会召开期间人大否决或修改已经定型的政府预算会导致较大的预算冲突，但这并不意味着人大和常委会对于预算编制不能发挥影响力。他们调查研究发现，经过十年多的预算改革，在地方人大的事前监督中，人大财经委或预算工委通过提前介入预算编制和预算初审两种策略尽可能早地嵌入原来由行政主导的预算过程，通过收集预算信息、财政部门的沟通与对话以及财政与支出部门之间扮演中介角色，人大已经启动由原来的程序性监督迈向实质性监督的转型过程，人大预算监督审查者的角色得到重塑。

2.3.2 地方财政收入预决算偏离中税收超 GDP 增长因素

正如高培勇（2006）所指出的，财政超收是财政增收中超年初

第 2 章 理论基础与文献综述

预算计划增长的部分，所以财政超收与近年来在学术界引起广泛争论的税收超 GDP 增长有着密不可分的关系，在解开税收超 GDP 增长之谜的原因方面，能够在学者间达成共识的因素主要是以下几个方面。

（1）经济因素。中国经济规模的迅猛扩张奠定了税收超 GDP 增长的税基，金人庆（2002）认为 GDP 增长因素对解释税收超 GDP 增长有 50% 的解释力，周黎安等（2011）考察了经济基本面对税收高速增长的影响，发现税收高速增长的因素分解中 GDP 增长因素的比重为 45%，他们的实证研究验证了金人庆的预测。由于政府财政收入与经济规模之间的正相关性，在世界各国的税收增长中是普遍存在的，而中国税收收入增长对经济增长的弹性连续多年大于 1，而且在 1997~2012 的十余年间中国并未进行具有规模增税效应的税制结构调整，反而陆续出台一些具有减税效应的税制调整，这说明中国税收高速增长背后一定有些特殊性因素，就经济因素方面而言，为多数学者所接受的是经济结构变化。郭庆旺和吕冰洋（2004）以第三产业产值与第二产业的产值比作为产业结构优化的度量指标，发现产业结构优化升级有利于税收总收入的增长，分税种来看，产业结构优化升级对企业所得税的增长效应最为明显，营业税次之，增值税最弱；唐登山和吴宏（2008）注意到 GDP 是三次产业增加值的和，而且三次产业的贡献率也有较大区别，税收超 GDP 增长意味着宏观税负的上升，三次产业所负担的税负率也会有所区别；贾莎（2012）的研究成果表明，第二、第三产业的税负率上升对税收高速增长的贡献率最大。曹广忠等（2007）指出产业结构优化的原因是地方政府在政绩考核压力下，利用土地市场垄断供给地位低价协议出让土地，通过大力招商引资来发展能够带来更多税收的制造业、建筑业、房地产业等高税行业，高税行业的迅速发展实现地方财政收入超 GDP 增长；宋小宁和杨治国（2008）认为中央预算内财政收入集权对地方政府造成巨大财政压力，官员的个人仕途与辖区经济增长挂钩，所以地方政府普遍选择以优惠土地价格吸引制造业到本辖区投资，以工业化带动城市扩张从而获得土地出让金,并且分享25%的增值税和40%的企业所得税;陶然等(2009)进一步指出制造业发展具有强烈的溢出效应,服务业因其而受惠,可使地方政府获得营业税和土地出让收入;孙秀林和周飞舟(2013)指出分税制改革和所得税分享使地方政府对营业税收入更加倚重,财政收入增长动机是激励地方政府寻求"经营城市"这条生财之道的重要因素;方红生和张军(2013)使用非农化变量(第二、第三产业产值和与第一产业的比例)度量高税行业间溢出效应,证实了产业结构优化是税收超GDP增长主要渠道。

(2)管理因素。管理因素对税收高速增长的作用在学者解析增长之谜时已经被注意到(安体富,2002),但是管理因素的重要性尚未得到普遍认可(贾康等,2002)。直到高培勇(2006)提出"巨大征管空间"概念之后,税收征管因素的影响力开始在学术界、新闻媒体以及政府部门获得广泛认可。高培勇(2006)认为现行税制诞生时预留了巨大征管空间,随着以金税工程为代表的征管信息化建设,征管效率的提高使实征税负能够不断靠近法定税负,税收征收率的不断提升使"巨大征管空间"税源能够被政府有效汲取,这才是税收高速增长的根源;崔兴芳等(2006)使用省级宏观数据,利用 Malmquist 生产效率指数法精确地测算了全国各省区市在1996~2003年平均税收征管进步率,发现税收征管效率的提高确实有力推动了税收超 GDP 增长,这在东部沿海省份表现最为明显;吕冰洋和樊勇(2006)测算出1996~2004年各省区市税收征管效率年均提高9.3%,税收征管效率的提高每年促进税收增长3.7%;吕冰洋和李峰(2007)分税种测算税收征管效率,发现管理因素的增收作用对增值税和所得税的影响最为显著;曹广忠等(2007)对税收征管效率是税收超 GDP 增长主要原因提出质疑,认为税收征管效率边际收益递减的规律使其难以解释税收长期超 GDP 增长;贾智莲和卢洪友(2009)使用 DEA 方法,在剔除辖区客观经济环境因素后,评估了各省区市财政汲取能力,发现地方政府的财政汲取能力的主观努力的结果，受制于辖区经济规模、税源丰瘠等外部纳税能力因素；吕冰洋和郭庆旺（2011）提出应当区别看待税收征管效率中客观性征管技术水平和主观性税收努力；杨得前（2010）使用 Malmquist 生产效率指数法，对税收征管效率进行了定量测算和分解，发现税收征管效率的提高主要源于新技术的采用，而非组织管理水平的提高；陈东和刘金东（2013）使用随机生产前沿模型（SFA）对税收征管效率进行了全要素增长分解，研究结果与杨得前的结论基本一致，税务部门所进行的以金税工程为代表的税收信息化建设在管理因素中对税收超 GDP 增长的贡献最大。

（3）制度因素。税收征管效率的进步是税收高速增长的重要原因，但是它尚未解释地方政府加强税收征管、进行税收征管信息化建设的动力源自何处。分税制改革后地方政府的征税态度相比于财政包干制时期发生了明显变化，是什么原因诱使地方政府改变征税态度，激励地方政府积极汲取财源的深层次动机来自何处？就目前研究现状而言，解释地方政府提高税收征管效率强激励效果的文献主要有三种：第一，吕冰洋（2009）、吕冰洋和郭庆旺（2011）从政府间税权配置角度出发，他们认为分税制改革在政府间形成了稳定的基于分税合同的税收分权契约，分税合同比财政包干制时分成合同和定额合同更能激励地方政府的税收努力；刘穷志等（2009）利用非参数 Malmquist 指数法研究发现，改革开放以来，税权制度改革总体上有利于提高税收征管技术进步和征管技术效率，但也存在征管成本激增损害征管效率的问题；李明等（2014）认为分税制改革的税权配置明确了中央与地方政府间税种划分，同时国税局的建立彻底解决了税收征管中的委托代理问题，中央税收努力因税收分成比例的增加而明显提高，这就逆转了财政包干制时期因为政府间纵向税收竞争导致企业实际税负不断下降的趋势，政府在国民收入分配格局中的地位才得到改善。第二，政府间纵向税收竞争，汤玉刚和苑程浩（2010）、张军（2012）则提出分税制改革后中央与地方间税收分权契约并不稳定，政府间财政分配关系呈现集权趋势，由于地方官员由中央政府负责考核和任命，地方政府在纵向税收竞争压力下没有选择直接对抗中央税收集权，而是通过"制度创新"策略——提高税收征管效率来弥补纵向税收竞争的损失，中央税收集权程度的提高是激励地方政府加强税收征管，提高征管效率，实现税收超 GDP 增长的根源；陶然等（2009）、张军（2012）进一步指出分税制改革调整实现了中央财政集权，支出责任并未在不同级别政府间进行相应调整，支出责任与财权的不对称塑造了地方政府财政收入最大化的目标；吕冰洋和樊勇（2006）也认为财政压力是地方政府提高税收征管效率的重要原因。第三，王剑锋（2008）认为激烈的横向财政竞争导致地方政府长期忽视征税能力建设和消极税收努力水平，国家税务局系统的建立实现了税收征管中中央权威，中央税收征收集权程度的加强显著提高了税收征收率，总税收、企业所得税、增值税的中央征收集权都具有显著增收效应。

2.3.3 地方财政收入预决算偏离中政府治理因素

正如我们多次提及的预决算偏离主要表现为财政超收，高培勇（2006，2008）和王银梅（2012）关于财政超收收入的预算自由裁量更大，立法机关预算监督职能的弱化使财政超收分配和使用基本是在行政机关内部完成，他们已经开始注意到政治因素对于预决算偏离的重要影响，但他们的政治因素更多的是指政府各职能部门追求财政支出的渴望，尚未涉及地方官员治理的层面，以及地方官员治理对预决算偏离的影响。欧美国家地方官员是在代议制民主制度的环境下去竞争政治权力，辖区选民偏好和选举行为直接影响地方官员当选或连任的概率，所以欧美学者比较重视选举周期因素对财政收入预测准确度的影响，其中策略性地利用 GDP 预测是民主制度背景下，地方官员追求连任或竞选获胜的重要工具。中国地方政府又会出于何种政治动机来干预经济，长期激励地方官员追求辖区经济高速增长的最基本和持久深层动力源自何处？关于解释中国经济高速增长之谜，最有影响力的理论分别是以钱颖一、许成钢、温格斯特等人为代表的第二代财政分权理论，及以周黎安、张军、徐现祥等人为代表的政治激励理论。两种理论都强调"搞对政府官员激励"比"搞对价格"更能调动经济转轨国家地方官员发展经济的积极性。区别在于"市场维持性财政联邦主义理论"认为中央下放经济管理权限和财政包干使地方政府获得相对独立的经济利益，地方政府有能力和热情去推动经济发展，从而分享财政收入剩余索取权，也就是说，财政激励是激励地方官员致力于辖区经济增长的主要原因。政治激励理论对"市场维持性财政联邦主义理论"的主要质疑是关于地方官员的目标函数是否是财政收入最大化，他们认为中央和地方之间的行政分权和财政包干合同并不稳定，而且中央机会主义行为倾向事实上损害地方经济利益。但地方官员发展经济的热情丝毫没有受到影响，所以地方政府增长型行为取向背后的更基本和持久的力量是地方官员对个人仕途、政治利益的关注，地方官员不仅仅具有"经济人"属性，他们也是政治市场的参与者，政治晋升才是地方官员的行为目标函数。

政治激励理论认为改革开放以后，中央政府对地方官员选拔和提升的考核标准由以政治表现为以主转变为以经济绩效为主，考核的核心指标是辖区年度 GDP 实际增长率，并且为了减少考核中存在的评估误差，中央政府主要以辖区上届政府和相邻辖区的 GDP 增长情况为参考对象，这就在相邻辖区的地方官员之间形成了基于 GDP 增长的"晋升锦标赛"。Li 和 Zhou（2005）利用中国 1979～1995 年的省级数据实证研究发现，GDP 增长速度每提高 1%，省委书记和省长的晋升概率就显著提高 10%，为地方官员在晋升激励下努力发展本地经济提供了经验证据支持；周黎安等（2005）将官员数据范围扩展至 2002 年，深入考察地方官员的晋升机制，发现地方官员任期内的平均发展绩效对晋升机会的影响比当年绩效的影响更大，在相对绩效考核的基准选择中前任绩效和本省多年平均绩效的重要性较为显著，而以周边省份为基准的考核没有显著影响，他们的研究成果为中央运用干部人事任命权激励地方官员发展经济提供了证据支持；张军和高远（2007）则是从地方官员治理制度中官员任期和异地交流两方面分析人事管理具体制度如何影响经济研究，研究结果表明官员的有限任期制和异地交流都对地方经济增长有显著的正向影响，其中官员任期与经济增长之间是倒"U"形关系，地方官员做满一届（5年）似乎是比较合理的任期期限；徐现祥等（2007）使用 1978~2005 年省级干部交流样本数据，使用倍差法定量识别省级干部交流对流入地经济增长的影响，他们发现省长的异地交流效应大约使流入地的经济增速提高 1%，他们的发现验证了张军和高远结论的合理性；王贤彬和徐现祥（2008）独辟蹊径从地方官员来源、去向、任期等个人特征等角度考察了他们与经济增长的关系，研究成果表明官员的异质性会影响辖区经济增长绩效；杨海生等（2010）区分了官员交流中"平行调动"和"京官空降"两种交流模式对经济增长的影响，认为平行交流的官员拥有经济社会管理经历，交流地与前任辖区之间职位、背景的相似性较高等优势，但是相对于"京官"他们与中央的关系相对疏离，若想进一步晋升只能在 GDP "晋升锦标赛"中向中央显示其发展能力良好的信号，所以平行交流的地方官员比"京官"更容易受到"晋升锦标赛"的影响，他们的研究成果也表明辖区经济增长会显著受到官员个人禀赋的影响，具体而言是平行交流的官员更有利于推动经济增长；张尔升（2010）注意到了国有企业也是地方官员的重要来源，发现企业背景的地方官员对经济增长具有弱负效应，可能原因是企业背景的政府官员的微观管理经验丰富，缺乏宏观经济管理的实践，但是市场经济体制下背景的企业来源官员对经济增长具有正效应，此外，企业背景的地方官员对于发展第二、第三产业有着明显偏好。

陶然等（2010）认为政治"晋升锦标赛"暗含着基于 GDP 增长

的完全契约性质的合同会使上级政府失去地方官员任命的人事控制权,这与中国政治体制是矛盾的。皮建才(2012)以公共选择学派的竞赛成功函数为基础建立了分析中国地方官员治理的数理模型,他的理论分析框架既避免了周黎安(2004)数学分析方法的局限又有效地回应了陶然等(2010)基于政治网络关系对"政治锦标赛"所提出的逻辑质疑。姚洋和张牧扬(2013)指出不同层级的地方官员和权力中心的距离远近不同对其政治晋升概率有重要影响,离权力中心越远的官员在政治晋升中所受到的政治关系网络的干扰也越少,他考察了地市级层面的地方官员个人效应对经济增长的影响,发现年龄和任期对于经济增长有着显著影响。杨其静和郑楠(2013)使用2003~2012年的市委书记数据实证分析"锦标赛"假说的合理性,研究成果表明,虽然没有发现支持"锦标赛"假说的直接证据,但确实存在一个基于GDP增长排名的晋升资格赛,所以某个市委书记即使被委任至拥有较好经济发展潜力的地市任职,从而享有一定的晋升优势,但市委书记为了在晋升资格赛中争取相对靠前的排名,仍旧有充分的热情发展辖区经济;目前对"政治晋升锦标赛"提出质疑的主要理由是地方官员的关系网络在晋升竞争中的影响更显著(Opper、Brehm,2007),但该观点的重要缺陷是难以解释为何1978年以来中国经济增长之谜。Jia等(2013)试图调和经济增长业绩和官员政治关系在解释政治晋升与经济增长之间的矛盾,发现虽然官员任期内的经济增长对政治晋升的影响不显著,但是对部分省级官员而言,经济增长对他们政治地位提升的边际贡献更大。从众多学者的研究成果可知,关于经济增长绩效对地方官员政治晋升的影响有一定争论,不完全一致的研究其实更多反映了中国经济和政府治理的复杂现实,所以如何建立解释中国经济转型期高速增长的政治经济学分析框架,仍有待于经济学界进行深入细致的研究工作(陶然等,2010)。

前述文献关注的焦点在"中国式分权"治理模式下地方政府官员为增长而竞争的行为对辖区经济增长的显著影响,近年来开始有大量文献关注于识别官员影响经济增长的政策工具，研究对象也逐渐从宏观转向微观，其中已经被识别出来有产业结构、财政政策、货币政策、土地出让、银行信贷与企业投资、降低环保标准等。钱先航等（2011，2012）研究了地方官员在晋升压力对城市商业银行贷款的影响，认为地方政府作为城商行的控股股东，在政治晋升的激励下有动力与渠道去影响城商行的经营，当地方官员面临较大的晋升压力时会影响城商行的贷款期限结构和投向容易出政绩的基础设施建设和开发区等中长期固定资产贷款会增加，贷款行业也偏重于建筑业和房地产业，但最终会导致城商行不良贷款增加；杨海生等（2008）认为在财政分权和经济发展相对绩效考核的地方治理制度下，地方政府对有价值经济资源的追逐容易导致其忽视非经济职能，其中具有明显外部性的环境保护职能最容易被地方官员所忽视；于文超和何勤英（2013）利用1992~2006年省级面板数据的实证研究发现，我国之所以频频爆发环境污染事故，主要原因就是地方政府官员对任期内耀眼政绩的渴求，晋升压力越大的地方官员就越容易忽视环境保护；逯东等（2014）注意到不同级别的地方官员对政治利益和经济利益的利益偏好会有所区别，级别越高的地方政府越重视政治利益（失业率、GDP增长率），在干预所属国有上市公司经营中的政治利益诉求的影响就越会被强化，政府控制权的强化干扰了企业的正常经营并最终损害公司价值，行政级别较低的政府更重视经济利益（财政盈余），与企业的经营目标可能更一致，对所属上市公司的业绩损害也就越弱。

中国经济增长模式是投资驱动型（舒元，徐现祥，2002），地方政府发展经济的最佳策略就是将中国人口红利优势与稀缺资本要素相结合，因此吸引流动性较强的资本要素到辖区投资成为地方政府官员发展经济的重要手段，为增长而竞争就演变成了招商引资大战。地方政府为增长而竞争的政策手段与本书密切相关的是税收竞争、财政支出竞争以及土地出让。郭杰和李涛（2009）利用省级面板数据所进行的空间计量实证结果表明,地方政府确实通过税收竞争争取经济资源,而与吸引资本密切相关的增值税、营业税、企业所得税在税负水平上表现出明显的空间策略互补特征,为地方政府间税收竞争提供了经验证据支持;龙小宁等(2014)使用县级数据发现,资本流动性程度不同会影响税收竞争激烈程度,他们发现县级政府为吸引外资企业到本辖区投资,与内资企业相比,县级政府更容易给予外资企业税收优惠,或者超国民税收待遇。

地方政府通过为流动性资本要素提供经济激励争取其流入本辖区,但地方政府间税价竞争策略性博弈行为会导致地方政府陷入外部资源零税率设定的困境,进而导致地方财政收入的较大损失(李永友、沈坤荣,2008)。随着时间的推移,粗放式税价(率)竞争的不可持续性,地方政府间经济发展水平的不均衡,共同诱使地方政府开始寻求差异化的财政竞争策略,通过改善内部投资环境的财政支出竞争开始成为部分地方政府的另一重要财政竞争工具。李涛和周业安(2009)为财政支出竞争的存在性提供了直接证据支持;傅勇和张晏(2007)发现由于基本建设性支出与公共服务支出的GDP增速不同,地方政府预算内财政支出存在偏向基本建设性支出的倾向。

地方政府如果仅利用地方本级财政收入投资于基础设施建设改善辖区投资环境,必然会受到严厉的预算约束,地方政府突破金融约束的有力工具就是利用手中所掌握的土地资源,通过策略性供地策略获取大量的土地出让金以及持续性的税收收益(张军,2012),地方政府这种"以地生财"与"以地引资生税"模式不仅可以缓解分税制改革带来的纵向财政压力,也为地方政府进行横向引资竞争提供了重要政策手段(周飞舟,2006,2007,2010;孙秀林、周飞舟,2013)。曹广忠等(2007)认为地方政府利用土地征用制度中的优势地位大规模地征用、开发和出让土地,一方面向上级政府展示更良好的政绩从而在晋升竞争中占据优势,另一方面可获得更多的财政收益;张莉等(2011)认为地方政府官员土地出让行为中同时存在"土地财政"与

"土地引资"两种动机，他们的实证研究表明政治晋升激励下的"土地引资"假说更能解释地方官员的土地出让行为；张莉等（2013）从地方官员个人特征异质性的角度分析了地级市官员在城市建设用地出让中是否存在合谋的行为，发现本地晋升的市长倾向于通过挂牌出让的方式多出让约10%的土地；梁若冰（2009）认为地方官员在政治晋升激励下对GDP增长的渴望会诱使地方官员违法供给土地或默认土地违法行为；王贤彬等（2014）建立一个融合土地出让、基础设施建设与经济增长的一般均衡模型，通过严谨数理推导论证了在"中国式分权"制度下，地方官员会利用其在土地一级市场垄断供给者身份，策略性地设定土地出让规模和价格，然后再将土地出让金与税收投入更能彰显政绩的辖区基础设施从而推动经济的高速增长；方红生和张军（2013）的研究成果表明，地方政府利用土地垄断供给者身份实行策略化供地政策，积极招商引资发展高税行业，是税收超GDP增长的重要手段之一。

中国地方财政
收入预决算偏离
问题研究

Chapter 3

第3章 "中国式分权"、行政主导型预算与地方财政收入预决算偏离

第3章 "中国式分权"、行政主导型预算与地方财政收入预决算偏离

3.1 分税制财政体制与地方财政收入预决算偏离

自 1994 年分税制改革后,全国税收收入开始出现势头强劲的增长态势,不仅税收总量连创新高,税收增长速度以两位数高速增长,十余年的税收超 GDP 增长之谜为何出现在分税制改革后,而且中国地方政府的财政收入预决算偏离普遍是以年初低估预算收入,年终财政收入决算多会超年初预算,全国只有少数省份在个别年度曾经出现过高估年初预算而出现财政短收的情况。考虑到财政超收属于超"计划"的税收增收,它实质上就是税收超 GDP 增长的部分成果,所以地方财政收入预决算偏离(财政超收)与分税制财政体制改革有着密不可分的关系。

一般而言,地方政府财政收入增长由税基、法定税率和税收征收效率决定,其中,税收征税效率又可分为主观性的税收努力与客观性的税收征管能力,由于地方政府并不具备税收立法权、税率调整权,只享有部分税收征管权与税收收益使用权,我们可以认为法定税率对地方政府而言是外生变量;客观性税收征管能力主要体现为税收征管信息化水平、税务部门工作人员综合素质等客观性变量,当然主观征税态度的积极与否也会影响征管能力的提高。所以我们认为分税制财政体制改革之所以能够实现财政超收,原因如下:一方面是最大化财政收入剩余索取权激励着地方政府致力于发展经济从而夯实了辖区内的税基;另一方面与财政包干制相比,地方政府改变征税态度,积极汲取辖区内财源。鉴于财政包干制、分税制时期地方政府致力于发展经济的追求是一以贯之的,实现地方本级财源的最大化也是激励地方政府发展经济的重要因素,所以分税制财政体制解决更多的是预算内财政收入增长方面的中央与地方政府利益的激励相容。

文化大革命结束以后,中央面临的财政、经济形势异常严峻。为了激发地方政府发展经济的积极性,增加财政收入的动力,缓解国家财政压力,中央开始下放国有企业行政与经济管理权限,同时改革与

传统计划经济体制相适应的高度集权"统收统支"的财政管理体制。中央与地方财政分配关系由原来的吃"大锅饭"体制过渡到"分灶吃饭"体制,地方政府在获得行政与经济管理权限的同时,能够分享财政收入的剩余索取权,也就有能力、动力致力于辖区经济增长。1980年国务院颁布《关于实行划分收支、分级包干的财政管理体制的通知》,可以说是财政承包制管理体制的开始,在通知中,按照企业和事业单位的行政隶属关系,将中央和地方政府之间的财政收支界限予以清晰划分,地方政府在所划分的财政收支范围内收支自负,自求平衡。与传统计划经济时代相比,有利于划清中央和地方的权限与责任,地方政府开始获得自主支配本级财力的权限。1983年,中国税收制度开始进行了"两步利改税"的改革,企业由原来的上缴利润改为缴纳企业所得税、工商税。与税收制度改革相协调,从1985年开始执行"划分税种、核定收支、分级包干"的财政管理体制。在此次改革中,中央与地方间财政收入按照税种划分为固定收入、共享收入与调剂收入三类,财政支出仍旧按照行政隶属关系。1985年财政管理体制改革根据经济发展形势变化对1980年"分灶吃饭"体制进行了一次适当调整,但其缺陷在于此次调整调高了此前收入增长较快省份的上缴比例或减少了中央补贴,"鞭打快牛"效应的凸显打击了地方政府组织收入的积极性。1988年中央将财政包干制度向全国进行推广,并根据各省、自治区、直辖市、计划单列市的现实情况,对具体财政包干办法实行差异化管理,财政包干方法共有6种之多,如表3-1所示。

表3-1   1985~1993年财政包干具体办法

包干制度	包干基数	分享办法	实行地区
收入递增包干	1987年决算收入和地方应得的支出	每年地方在收入递增率以内的收入按确定的留成、上解比例实行中央地方分成;超过递增率的收入,全部留给地方;收入达不到递增率影响上解中央部分,由地方用自由财力补足	北京、河北、哈尔滨、江苏、浙江、宁波、河南、重庆、辽宁(不含沈阳、大连)

续表

包干制度	包干基数	分享办法	实行地区
总额分成	1986、1987年两年的地方收支情况	以地方预算总支出占预算总收入的比重，确定地方分成	天津、山西、安徽
总额分成加增长分成	上年度的实际收入	基数部分按总额分成比例留成；增长部分另外定分成比例	大连、青岛、武汉
上解递增包干	1987年上解中央的收入	按一定比例递增上解	广东、湖南
定额上解	原来核定的收支基数	收大于支的部分，确定固定的上解数额	上海、山东、黑龙江
定额补助	原来核定的收支基数	支大于收的部分，确定固定的数额补助	吉林、江西、甘肃、陕西、福建、广西、内蒙古、西藏、宁夏、新疆、贵州、云南、青海、海南

资料来源：李萍主编. 中国政府间财政关系图解. 中国财政经济出版社，2006.

在财政承包制下，地方政府向中央上缴固定数额，上解财政收入的固定比例或者按照约定的速度逐年增加上解财政收入总额。财政收入增收的超分成比例或包干基数的财政蛋糕就归地方政府所有，地方政府实际上获得了辖区内税基的剩余索取权。地方政府热衷于通过发展地方所属企业，尤其是乡镇企业，实现地方本级财政收入最大化。财政承包制对地方政府财政行为选择的激励是不对称，它更多激发的是地方政府扩张本级财力的积极性（李永友，2012），中央财政并未从财政承包制中获益，全国财政收入的增速也并未与GDP增长率保持同步增长，这集中表现在两个比重（全国财政收入占GDP比重，中央财政收入占全国财政收入）的下降上。如图3-1所示，全国财政收入占GDP的比重由1978年31.1%下降为1993年的12.3%，中央财政收入占全国财政收入的比重由1984年40.5%的高点持续下滑至1993年的22%的低点。王绍光（1997）认为放权让利的财政承包制已经超越了分权的底线，中央财政汲取能力的弱化严重影响到中央的宏观调控能力。

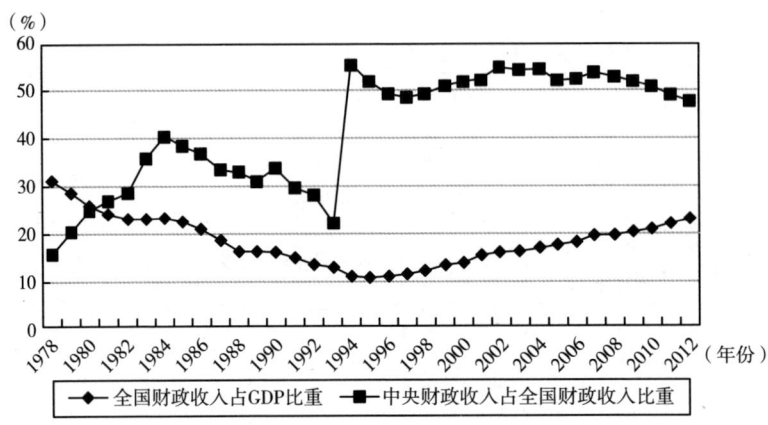

图 3 - 1　1978～2012 年 "两个比重" 的变化趋势

资料来源：《中国财政年鉴》（2013）。

为了扭转中央财政能力持续下滑的趋势，增强中央政府的宏观调控能力，1994 年中央政府推行了影响深远的分税制财政体制改革，成功地扭转了两个比重下滑趋势，实现 "U" 形反转。具体改革措施包括：（1）在财政收入方面，按照划分税收的方式划分了中央税、地方税，共享税；（2）明确划分中央与地方之间的事权和支出责任；（3）建立了国家税务局和地方税务局两套征税系统，国税局负责征收中央税和共享税，地税局负责征收地方税。分税制改革是一次成功的中央财政集权行为，它的直接目标是提高两个比重，侧重点是巩固中央在财政收入分配关系中的财政地位。这种财政集权化的趋势还体现在 2002 年中央将企业所得税由地方税改为共享税，分享比例由 2002 年的 50：50，在 2003 年改为中央分享 60%，地方 40%。分税制改革的缺陷在于，它忽视了财权与事权相匹配的原则，虽然分税制也划分了中央和地方各自所需要承担的事权范围，但问题在于，相对于税收的清晰划分，中央和地方政府之间的支出责任划分是模糊的，以义务教育支出为例，虽然各级政府负有共同责任，但在实际执行中多由基层政府承担，结果造成了地方政府财政负担日渐沉重，不能有效

第3章 "中国式分权"、行政主导型预算与地方财政收入预决算偏离

地为辖区居民提供公共产品。

如图 3-2 所示,1994 年分税制改革,当年中央财政收入占全国财政收入的比重就由 1993 年的 20% 提升至 1994 年的 55.7%,虽然 1997 年曾一度降低至 48.9%,但此后则又开始上升,并长期保持在 50%~55% 的范围内。从支出规模来看,如图 3-3 所示,地方政府在分税制改革后地方财政支出所承担全国财政总支出的比例呈现上升的趋势,中央财政支出占比则进入了下降通道。

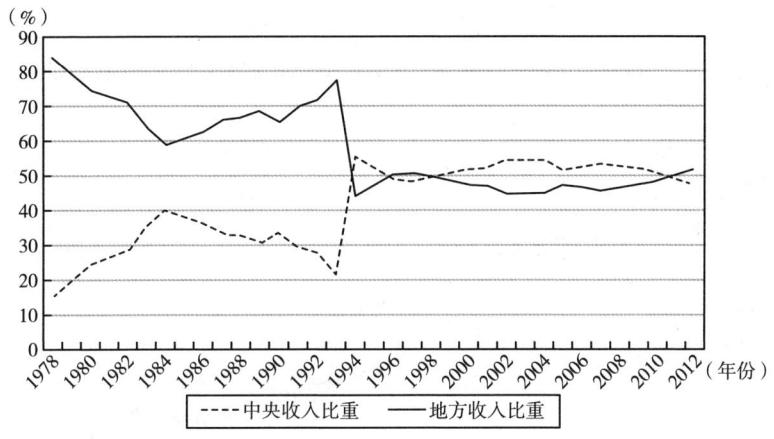

图 3-2 1978~2012 年中央和地方政府间财政收入分配关系变化趋势
资料来源:《中国财政年鉴》(2013)。

地方政府应对中央财政集权的传统办法就是将预算内的财政收入转化为预算外收入,而预算外收入不仅预算约束力弱,且完全由地方政府自由支配使用,但分税制改革后中央政府不断规范预算外收入,加强预算外收入、支出的管理,并直至取消,预算外收入监督管理的加强,增加了地方政府伸出"财力集中"获取租金的难度,或者说是提升了其获取租金的成本。如图 3-4 所示,预算外收入规范化指标由 1996 年 78.6% 的高点,降低至 2010 年的 13.3%,预算外支出与地方财政支出的比例则由 1996 年的 44.5% 下降到 2010 年的 7.23%。

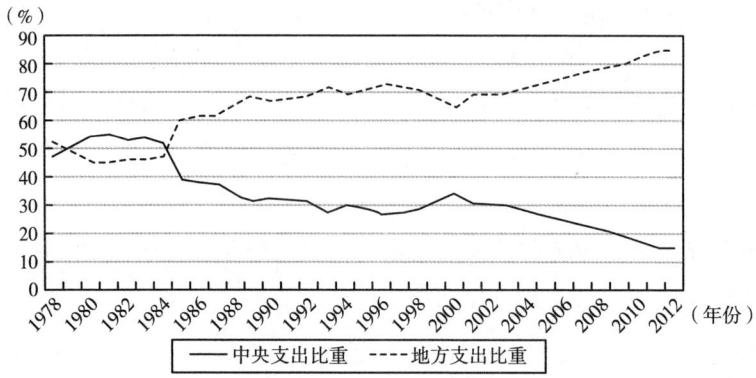

图3-3　1978~2012年中央和地方政府间财政支出分配关系变化趋势
资料来源：《中国财政年鉴》（2013）。

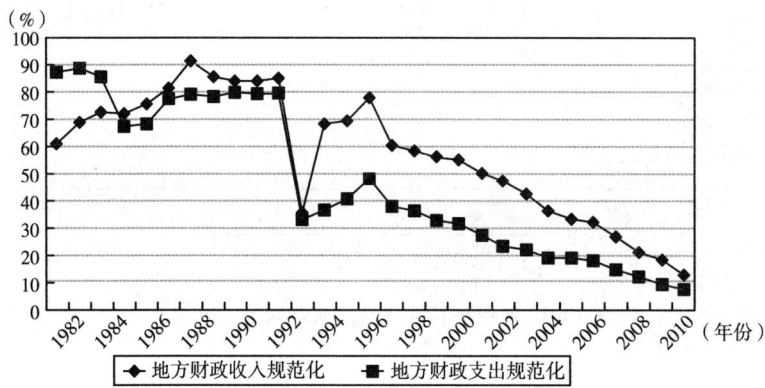

图3-4　地方财政收入与支出规范进程（1982~2010年）

注：地方财政收入规范化程度＝地方预算外财政收入/地方预算内财政收入；财政支出规范化程度＝地方预算外财政支出/地方预算内财政支出。

资料来源：根据《中国财政年鉴》（2013）中相关数据计算所得。

分税制改革这种"收入集权、支出分权"的不对称分权模式，使地方本级财政收支缺口越来越大，来自辖区内的自有财源越来越难以满足本级财政支出的需要，即地方财政自给能力下降，如图3-5所示，地方政府正常地履行职能，为辖区居民提供公共服务越来越依赖于来自中央的转移支付。

分税制改革的集权化趋势加强了中央和地方之间纵向税收竞争的

第3章 "中国式分权"、行政主导型预算与地方财政收入预决算偏离

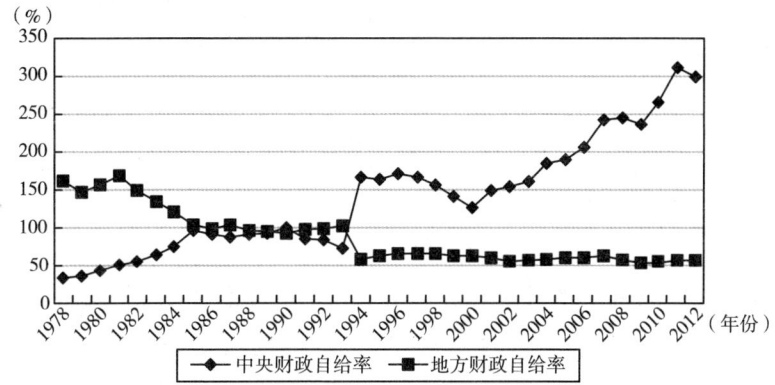

图 3-5　中央与地方财政自给率变化趋势（1978～2012 年）

注：中央财政自给率＝预算内中央财政收入/预算内中央财政支出；地方财政自给率＝预算内地方财政收入/预算内地方财政支出。

资料来源：《中国财政年鉴》（2013）相关数据计算所得。

激烈程度，地方政府面对着中央的"财力集中"，并未选择财政承包制时期的降低预算内财政收入征收积极性的旧路径。在巨大的财政压力下，地方政府选择了改善税收征管效率，充分开发利用税收法定税负与实征税负之间所存在的巨大的税收征管空间，从而弥补纵向财政竞争的损失，中央税收征管效率也同步获得提高（汤玉刚、苑程浩，2010）。其中原因就在于分税制所蕴藏的精巧的制度设计，财政承包制时期之所以两个比重持续下降，其重要原因在于中央与地方之间缺乏财政收入分配关系制度设计的互信。第一，中央政府握有规则的设定权和调整权，它激励改变不符合自身利益的制度设计，或者不履行承诺。例如，调高中央财政分成比例，减少地方补助，不归还财政借款，将具有良好盈利能力的企业划归中央等。这种行为导致地方政府对财政包干合同承诺不稳定的预期，而且财政包干制下中央与地方的一对一谈判，年年调整分成比例、包干基数，以及预算外收入全归地方所有，而且难以监督。地方政府面对中央的机会主义行为，地方政府的理性反应是降低了组织收入的积极性，对地方所属企业提供税收优惠，再通过摊派、收费等形式征收。分税制改革是按照税收划分，

而非按财政收入进行划分,中央和地方都拥有相对完整的税收收益分享权。增值税作为中央和地方政府的主要财源,增值税的税基信息也能做到信息对称,增值税的税基与地方辖区内经济增长密切相关,尤其是与辖区内第二产业中的工业增长情况直接挂钩。中央和地方政府在发展经济增加增值税收入的利益趋于一致,地方政府致力于辖区经济发展就可获得25%的增值税分享收入,同时激励着中央监督、考核地方官员经济发展努力程度。第二,财政承包制时期,税种的设定、税率的调整虽然属于中央权限,但税收的征收由地方政府负责,中央政府是在地方政府征收财政收入后,再以分享的形式获得财政收益。地方政府承担着"收租人"角色,中央与地方之间是一种委托—代理关系,存在着税基、财政收入信息的不对称,中央对于地方政府征管行为是否侵蚀本级财政利益是难以实现有效监督的。分税制改革则是将中央税征税系统与地方税征税系统分别设立,各自分别征收,中央税收的增长不仅不会损害地方财政收益,地方还可以获得分享税,中央与地方之间在提高税收努力方面并不存在激励冲突。

3.2 地方政府治理与地方财政收入预决算偏离

市场维持型财政联邦主义理论(Montinola et al.,1995;Qian and Weingast,1995;Qian and Roland,1998)认为,中央和地方政府之间的行政分权和财政承包制的财政分权,共同激励着财政收入最大化的地方政府努力提高辖区的市场化水平,从而有效推动辖区经济的高速增长。市场维持型财政联邦主义理论是从经济和政治制度角度出发来解释财政承包制时期的中国经济增长,由于它更多的是基于财政承包制分权制度经验所总结的理论,以及其理论框架是建立在新古典经济学的竞争理论和经典委托—代理理论的基础上,随着分税制改革的推行、改革开放进程中出现的市场分割、地区保护主义及重复建设问题

第3章 "中国式分权"、行政主导型预算与地方财政收入预决算偏离

等问题,在其理论框架中不能得到很好的解释。该理论的解释力就开始受到质疑。杨其静和聂辉华(2008)对将财政收入最大化作为地方政府目标函数提出质疑,他们认为地方政府财政收入最大化并不与地方领导人之间有何直接关系,即,财政收入会影响政府官员群体的福利和待遇,考虑到地方官员任期的有限性,中国地方政府官员若以财政收入最大化为目标函数,可能伸出的是"财力集中"而非援助之手。他们认为财政收入是地方政府行为抉择的预算约束条件,将地方官员追求经济增长设定为目标函数可能具有更加可靠的微观基础。市场维持型财政联邦主义理论虽然强调制度对经济增长的重要作用,但它并没有阐明地方官员在实际政治决策过程和现实制度环境中为何一定要做出改善市场的抉择,它简单地认为流动性资本的退出威胁会损害辖区税基的扩大,是地方官员面临的主要压力,实际上其仅考虑了地方官员的"经济人"属性,而忽视了地方官员同时是政治市场参与者的身份特征。市场维持型财政联邦主义理论要求中央和地方政府之间税收分成合同是能够长期执行下去的,即合同必须是有效承诺。但事实是,中央在财政包干合同签订之后,经常利用其主导财政分权规则制定权的优势去调整分成比例、包干基数,分税制改革更是彻底逆转了政府间财政收入分配关系,地方政府从辖区经济发展中所获得的边际财政收入收益是下降的,中央政府的机会主义行为事实上损害了地方政府推动经济发展所能获得的财政利益,但是地方政府推动辖区经济增长的热情似乎并未受到影响。如图3-6所示,1980~1993年中国GDP年均增速为9.9%,1994~2000年的GDP平均增速为9.6%,2001~2013年GDP年均增速为9.97%,在三个不同经济发展阶段,经济发展的速度基本保持一致,但分税制改革后,宏观运行趋势开始趋于平稳,而财政承包制时期经济增长容易大起大落,这或许是分税制改革增强中央财政能力后,中央能有充足的财力实施逆周期财政政策来应对经济衰退的冲击,从GDP增长率的变化可以看出,地方政府追求辖区税基不断扩大的动力并未受到财政集权的明显影响。

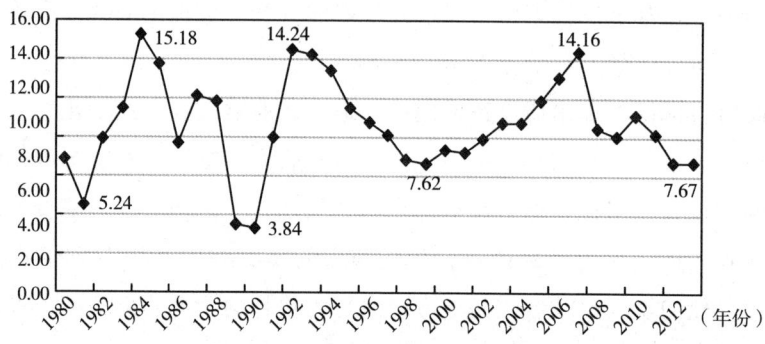

图 3-6　1980~2013 年全国 GDP 增长率变化趋势
资料来源：《中国统计年鉴》（2014）。

政治激励理论（周黎安，2004，2007；张军，2005；徐现祥等，2007）从中国政府治理体制特征的角度来解释地方官员为何推动辖区经济增长，该理论认为改革开放之后中央政府考核、提升地方官员的标准转变为以经济绩效为主，即将地方官员的晋升概率与辖区内 GDP 增长率、财政收入、招商引资、失业率等经济社会发展的指标进行挂钩。20 世纪 80 年代中央开始引入地方官员有限任期制和年龄限制，重视干部队伍的知识化、专业化、年轻化、革命化，同时进行下管一级的人事管理制度改革，中央（上级）政府保留官员考核、任命权以保证政策意图能够得到贯彻落实，并根据地方官员在任期内的经济发展绩效情况进行奖惩，同时为了减少政绩考核中所存在的评估误差，会以相邻（近）辖区和上届政府为参考对象进行相对绩效评估。这就在同级地方官员之间形成了政治晋升锦标赛，该锦标赛的特点是逐级淘汰制，每一次晋升机遇的失去也就意味着失去了更高层级晋升锦标赛的参赛权，由于晋升资源的极度稀缺性，同僚所得就是自己所失，地方官员在政治晋升机遇最大化方面处于零和博弈的状态。地方官员为了在有限任期内更好地实现辖区经济发展，从而获得上级政府的青睐实现晋升机会的最大化，都倾向于利用其所能影响的一切资源投入经济竞争中，地方官员追求政治地位提升的动机才是激励他们"为增长而竞争"的内在动力。Blanch 和 Shleifer（2000）在

第3章 "中国式分权"、行政主导型预算与地方财政收入预决算偏离

研究中国、俄罗斯两国在经济转轨中政治制度差异对推动经济发展的影响方面，论证了财政分权同时保留政治集权的重要性，他们认为中国中央政府有能力根据地方官员辖区内经济发展绩效来奖励或惩罚地方官员，而俄罗斯的制度导致地方官员为追求连任容易被辖区内精英"俘获"，地方官员为租金而竞争。Li 和 Zhou（2005）为政治锦标赛的存在性提供了经验分析证据支持，他们利用1979~1995年省级领导人职位升迁情况的数据实证考察了辖区 GDP 增长情况和地方领导人晋升概率的相关性，他们发现经济发展绩效越好的地方官员越容易被提拔晋升至更高的领导职位；Bo（2002）的研究成果表明地方政府经济增长速度越快，对中央财政贡献更大的地方官员更容易获得晋升机会。

中央政府基于地方辖区内经济绩效的政绩考核标准形成一个买方垄断的经济增长市场（徐现祥、王贤彬，2010），中央政府作为政治晋升机会的唯一供给方，需求的是经济增长，而地方官员作为追求政治利益的需求方，必须同时与其他参赛选手一起竞争，只有在经济增长排名中位次相对靠前的地方官员，才最有可能得到中央政府对其治理和发展能力的认可从而得到晋升。地方政府间激烈的竞争逐渐演变成了基于上级政府评价，向上负责的经济竞争，也就是标尺竞争（张晏等，2010），进行标尺竞争的标的物就是流动性资本要素，尤其是外商直接投资（FDI）。改革开放虽然进行了40年，市场化程度已经较高，但是地方政府仍旧支配着一些重要的经济资源供其进行标尺竞争，目前已经被识别出来的政策手段有：粗放式的税收优惠竞争（李永友、沈坤荣，2008）；放松辖区环境规制，以生态环境为代价吸引外商直接投资（杨海生等，2008）；扭曲财政支出结构，重视生产性公共产品的供给，尤其是改善辖区内基础设施建设（傅勇、张晏，2007；张军等，2007）；干预城市商业银行的贷款使其为辖区内选定的企业和项目提供融资（钱先航等，2011）。从众多学者的研究成果可以看出，地方政府在政治晋升激励之下追求辖区经济高速增长

的手段是多种多样的。但地方政府可用于参与标尺竞争最重要的资源，能同时收获经济增速和财政收入最大化的政策手段，就是土地资源和差异化供地策略，地方政府利用土地资源和垄断供给者身份成功实现了由"经营企业"向"经营城市"的转型。

地方政府竞争流动性的资本要素到本辖区落户投资，除了提供税收优惠降低资本要素的实际税负外，辖区基础设施水平同样对企业投资有着重要的吸引力，但是地方政府要进行大规模的基础设施建设就必须突破严厉的金融约束，即解决资金来源问题，而土地出让金的存在使地方政府可以依赖辖区财源解决投资资金短缺。地方政府出让土地的方式分别有招标、拍卖、挂牌以及协议四种，我国的土地制度是由城市市区国有土地所有制和农村、城市郊区集体所有制所构成，其中能用于经济社会发展的是原属性为国有土地以及地方政府征收的农民集体土地，即地方政府是土地供给的垄断供应者。地方政府对于生产性投资者所需要的工业工地通过协议转让的方式提供，生产性资本的稀缺性与成本敏感性使地方政府为招来企业到辖区落户，会以低价甚至零地价提供，原因就在于工业用地出让金中损失完全可以从住宅和商业用地出让金中得到弥补，并获得增值税、营业税、契税、土地增值税等税收收益。

地方政府辖区制造业的快速发展需要建设大量的厂房，购买机械设备，以及完善交通、电力、通信等基础设施建设，这就需要大量固定资产。2008年以前我国实行生产型增值税制度，税基大致相当于国内生产总值，生产型增值税制度不允许企业抵扣外购固定资产的进项税，所以增值税存在着重复征税，增值税间接税的制度设计又放大了纳税人的纳税能力（吕冰洋、郭庆旺，2011）。制造业的投资带动着工业化进程和资本积累的加速，进入21世纪后，在我国工业化加速发展中，以钢铁、电力、有色、化学等需要巨额固定资产投资的重化工业在产业发展中增速更快。增值税作为中央和地方财政收入的重要财源，它与投资、加工工业等活动密切相关，因而与辖区经济增长联系更紧密。制造业的快速发展有着强烈的溢出效应，它的发展又推动了建筑业和交通运输业的发展，同时由于辖区就业机会较多，会吸引大量人口流入本辖区工作、生活，工业化进程的加速推动了城市化率提高，城市化的发展带动着住房和商业房地产的繁荣，交通运输业、建筑业、服务业等行业是营业税的税基，而且这些行业的流动性较差，地方政府有动力提高营业税税收努力程度。地方政府从制造业、交通运输业、建筑业、房地产业等高税行业发展中可以得到持久稳定的增值税和企业所得税，并独享营业税，以及通过"招、拍、挂"的转让方式高价供给住宅和商业工地，攫取高额土地出让金。地方政府通过"差异化供地策略——招商引资——工业化进程加速——城市化率提高——持久稳定的增值税、营业税和土地出让金——基础设施建设——辖区经济快速发展——政治晋升"，这套"用地引资生税"模式能满足地方官员对同时实现财政收益和政治收益的追求。

3.3 行政主导型预算制度与地方财政收入预决算偏离

地方官员在财政收入和政治晋升机会最大化的激励下致力于辖区经济的高速增长，财政激励和政治激励之间的争论主要是何种制度安排才真正"做对了官员激励"，是地方官员效用最大化目标函数的核心因素，何种主观动机对官员发展经济的源动力更有解释力。本章的研究对象是地方财政收入预决算偏离，由于只有个别省份在少数年份中才有财政短收，地方财政收入预决算偏离中财政超收居于主导地位，它是地方官员追求财政收入最大化成果中超预算增长的部分，财政超收的越多，地方官员追求政治晋升所面临的预算约束条件也就越软化，在财政超收方面并不存在激励不相容的问题。地方政府实现经济增长的最佳策略是吸引流动性资本要素到本辖区投资，资本是追求利润的，地方政府必须提供适当的经济激励才能增强本辖区对制造业企业的吸引力。中国地方政府治理是一种多任务的委托代理关系，地方政府需要承诺完成从经济建设、社会发展与精神文明建设，再到政党建设等15个方面的支出责任（Tsui and Wang，2004），在这些政绩考核目标清单中，既有容易测量和比较的经济总量、增长率、财政收入、基础设施建设等经济指标，也有难以具体量化的社会发展与精神文明建设等指标。财政支出结构的差异会影响本辖区在招商引资大战中的竞争优势，并造成地方官员任期内的经济增长率差异，财政资源是稀缺的，所以地方官员在预算分配过程中倾向于选择最有利于实现效用最大化的财政资源配置结构。但是受零碎化体制与落后的正式预算制度的影响，财政资源的分配中可能存在"公用地悲剧"的问题（马骏、侯一麟，2004），资金分配的"囚徒"困境容易导致能够影响预算分配的领导和支出部门采取掠夺性预算策略，财政支出膨胀所导致的财政压力最终是由预算核心机构——财政局，以及税收任务的承担者——税务局，共同承担，并可能损害地方官员追求个人效用最大化的努力，财政超收的特殊性使其成为财政局、税务局降低财政压力，地方官员影响财政支出结构的政策手段。财政超收是超年初预算增加的财政收入，属于超计划的额外收入，尚未分配的财政收入，而且财政超收的动用和分配多在行政机关内部完成，事后向人大通报或者备案，各级人大和常委会对财政超收的预算控制力偏弱，地方官员对财政超收资金的自由裁量权较大，财政超收比较符合财政局、税务局、地方官员的共同利益，它们有激励编制预算时采取低估预算收入的策略。

地方官员或者说地方主政的党政领导人追求的是政治地位不断提升，财政部门作为预算过程中核心参与者、财政资源的直接分配者，它希望能够自如地分配财政资源以保证地方官员的政策目标得以实现，这就要求财政部门能够集中预算分配权，并对支出部门的预算扩

第3章 "中国式分权"、行政主导型预算与地方财政收入预决算偏离

张本能进行有效控制（於莉，2010）。中央为了推动教育、农业、科技、卫生、文化、社保、计划生育等事业的发展，实行重点支出挂钩机制，要求这7类重点支出增速不低于经常性财政收入增速，这些法定支出的刚性增长对地方财政支出的总额控制和财政资源的配置效率都造成了较大的压力，所以对于经常性财政收入增速的设定也就成为地方财政部门实现控制财政支出增长的策略手段，如果对经常性财政收入增速预测较高，法定财政支出必须同步增长，财政部门预算分配权实际上被削弱了，不能统筹安排财政收入的分配使用，如果预算执行中财政收支缺口较大，那么财政部门承受的财政资金分配压力必然增强。财政部门的策略是对收入预算数缩水预测，导致预算执行中产生大量超收，再由地方官员和财政部门根据实际需要追加预算拨款（罗春梅，2010），虽然预算安排中法定支出与预算经常性收入同步增长，但在实际决算支出中，由于分母的增大，法定支出增长要求实际上并未实现。

税务部门具体负责预算收入计划的完成，它直接承担着税收计划的考核压力，地方官员是追求财政收入最大化的，需要注意的是，这是指财政决算收入最大化，而不是"画饼充饥"，各支出部门在预算编制阶段更重视的是如何分得更多的"蛋糕"，税收计划的多寡对地方官员而言也是影响财政决算支出结构的可选择手段。税收计划的编制方法通常是基数法，本预算年度的税收实际征收额一般是作为下一个预算年度税收计划的基数，再结合当年国民经济发展情况和特殊性因素，确定一个计划增长额，税收部门能否完成税收计划直接关系到职务晋升与物质奖励，税务部门在压力型绩效考核制度下更倾向于税收的边际增长能够在可控范围内，所以低估预算收入以保证税收计划的完成或者超计划同样是税务部门的博弈手段。预算编制阶段，税务部门承担的税收计划压力，一方面来自同级地方政府在GDP计划增长率竞争锦标赛中所带来的压力，另一方面来自上级税收部门所转嫁的税收任务压力，税务部门与同级地方政府、上级税务部门之间在税

收征管方面是委托代理关系，它有激励利用信息不对称优势来降低年初税收计划的增长目标，在预算执行过程中，同级地方政府和上级税务部门会根据财力丰裕程度对税务部门的政绩考核压力强度也会有所变化。

从前面的论述中可知，在预算编制阶段，从低估计预算收入是地方官员、财政部门与税务部门的较优选择，我国预算编制的方法是 GDP 计划增长率基础上再加若干个百分点，辖区 GDP 实际增长率是地方官员政绩考核的核心指标，并影响辖区税基，地方官员有动力在 GDP 计划增长率上留有余地，GDP 超计划增长为财政超收奠定了经济基础。如图 3-7 所示，1997~2012 年的 16 年间，平均而言只有 1998 年、1999 年、2012 年 3 年间 GDP 实际增长率低于 GDP 的计划增长率，2000~2011 年的 12 年间都实现了 GDP 的超计划增长，多数年份 GDP 实际增长率高于 GDP 计划增长率在 2 个百分点以上；分区域来看，这一时期东部地区的超计划 GDP 情况最为明显，高于全国的平均水平，这可能与东部地区在过去 10 余年间一直是外商直接投资的集中地，工业化进程和基本积累的速度都更快，能够带动实际

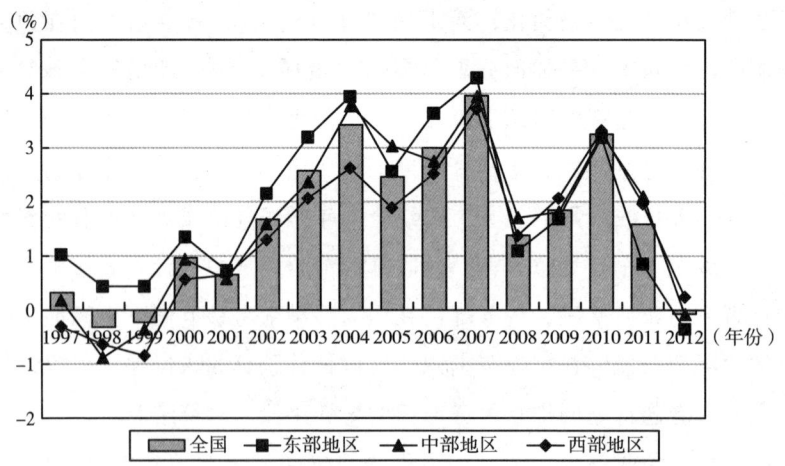

图 3-7 1997~2012 年全国与东中西部地区超计划 GDP 增长情况

资料来源：GDP 计划增长率数据来自各省、自治区、直辖市政府工作报告，GDP 实际增长率数据来自历年《中国统计年鉴》。

第3章 "中国式分权"、行政主导型预算与地方财政收入预决算偏离

GDP 以更快的速度增长；西部地区超 GDP 增长情况最少，可能原因在于经济增长目标更高，但受到各种条件的制约，实际经济增长速度受到较多限制难以快速增长。

财政超收的特殊性使地方官员、财政部门、税务部门选择在预算编制阶段倾向于留有余地，最终结果就表现为年度财政增收中财政超收比例较高。如图 3-8 所示，财政超收与财政增收比例，排名前五位的是黑龙江（80.2%）、宁夏（70.5%）、陕西（66.5%）、甘肃（63.4%）、山西（61.2%），排名后五位的是湖北（15.9%）、广东（17.7%）、福建（18.1%）、海南（21.5%）、河北（22.5%），可以看出，财政增收中超收比例较高的多是经济发展水平较为落后的中西部地区，而比重较低的是经济发展水平较高的东部和中部地区。观察图 3-8，另一个值得注意的特点是，似乎相邻省区市（如宁夏、陕西、甘肃；山西、内蒙古；辽宁、吉林）或者经济发展相似（北京、天津、上海、浙江）之间该比值也相近，不知是否与地方官员主要是在相邻或相似之间省区市之间展开晋升竞争有关。

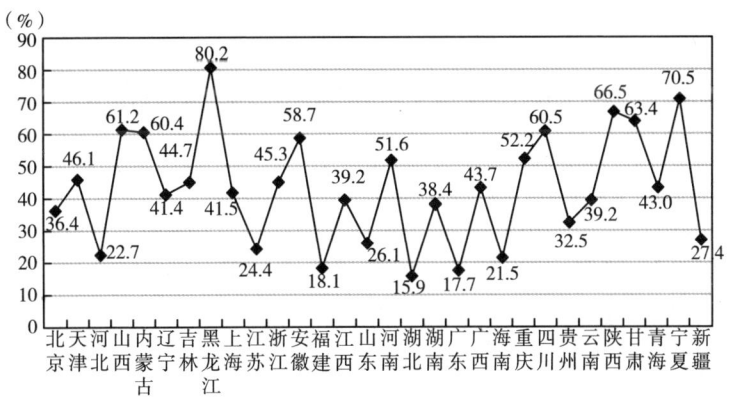

图 3-8 1997~2012 年全国各省区市财政超收与财政增收比例

注：财政增收 =（当年财政决算 - 上年财政决算）/ 上年财政决算；财政超收 =（当年财政决算 - 当年财政预算）/ 当年财政预算。

资料来源：根据历年《中国财政年鉴》中相关数据计算所得。

观察图 3-9，分东中西三个区域看财政超收与财政增收比值，

可以发现，东部地区该比值是最低的，而且低于全国平均水平，这可能与东部地区财政实力较强，地方官员能够从其他途径汲取财源，例如土地出让金，所以对于财政超收的需求反而较弱，这些地区预算管理水平较高，人大预算监督意识较强，地方官员追求财政超收所付出的成本将更高；除少数年份外，西部地区的比值最高，可能是因为辖区内财源有限，地方官员需要付出更多的税收努力才能增加财政收入，地方官员倾向于选择获得更大自由裁量权，中部地区与西部相比，该比值稍低。

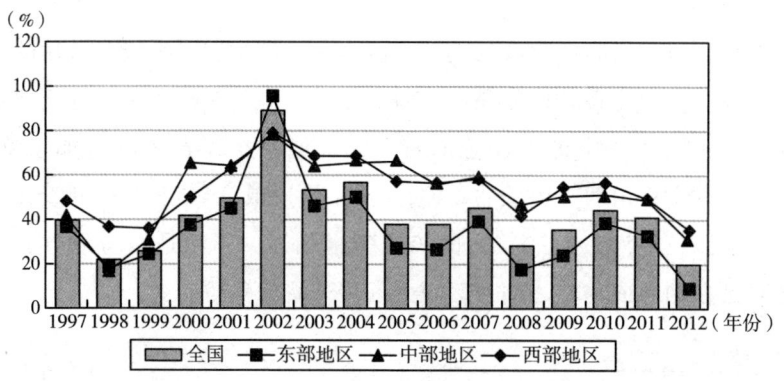

图3-9　1997~2012年全国与东中西部地区财政超收占财政增收比重

注：财政增收 =（当年财政决算 - 上年财政决算）/上年财政决算；财政超收 =（当年财政决算 - 当年财政预算）/当年财政预算。

资料来源：根据历年《中国财政年鉴》中相关数据计算所得。

以上我们是从地方官员、财政税务部门的角度出发分析其采取"缩水式"收入预算编制策略的原因，它们都是预算过程中行政机关，我们尚未讨论立法机关在预算过程中的作用，总体而言，由于《预算法》及实施条例所存在的制度缺陷，立法机关并不能对财政超收进行实质性监督。

《预算法》制定于1994年，分税制刚刚建立，中央财政困难尚未过去，对于地方政府通过减征、免征、缓征等方式损害中央财政利益可说是记忆犹新，所以《预算法》对于"短收"有着明确的规定，

第3章 "中国式分权"、行政主导型预算与地方财政收入预决算偏离

《预算法》第45条规定,预算收入征收部门必须依照法律、行政法规的规定,及时、足额地征收应征的预算收入,要求足额实际就是禁止短收,对于超收只是笼统规定要求加强超收收入使用的监督。由于受到宏观经济形势与收入预测基数水平的影响,要求财政收入的决算数、预算数完全保持一致实际上是很困难,出现一定程度的偏离是正常现象。但在我国是大量财政超收的滚滚而来,这直接影响年初财政支出计划安排的执行结果,涉及预算执行过程中的预算调整、预算追加。预算作为立法机关约束行政机关的法律性文件,如果大量财政超收的分配和决策只是在行政机关内部完成,预算法治的权威性实际上被置于尴尬境地(罗春梅,2004)。按照《预算法》第53条规定,各级政府对于必须进行的预算调整,应当编制预算调整方案,未经批准,不得调整预算。但《预算法》第54条对于预算调整的定义过于狭隘,预算调整是指,在预算执行过程中因特殊情况需要增加支出或者减少收入,发生财政总支出超过总收入而影响年度预算平衡,或者原批准预算中举借债务额度增加,所以财政超收引致的超支以及支出结构的变化,按照上述关于预算调整的定义也就不需要人大和常委会的审查批准,人大的预算审查权也就被虚化,在预算执行过程中就表现为财政支出的追加、调整就非常频繁。

人大和常委会作为预算过程中法定最高权力机关,衡量其控制"钱袋子"权力大小的另一指标是预算修正权,如果立法机关能够修改政府部门所编制的预算,就可以在预算草案的审议阶段对财政收支总额、收入来源与支出结构产生实质性影响。但是作为立法机关审核预算的核心预算权力(马骏、林慕华,2007),《预算法》并没有赋予人大和常委会预算修正权,人大和常委会面对预算的选择只有批准或者否决,而没有修正后批准这个选项,这在地方党委主导下的预算过程中(於莉,2010),人大整体否决预算草案所引起的政治、社会成本是巨大的,所以人大也就只能将自己的策略反映定位于整体通过。

3.4 晋升激励、"财力集中"与地方财政收入预决算偏离

3.4.1 研究假说

3.4.1.1 研究假说 H3-1

国务院在每个预算年度都会通知地方政府关于收入预算编制的指导思想，自分税制改革以来该指导思想就是财政收入增幅略高于 GDP 的增幅，地方政府编制财政收入预算的具体做法是在 GDP 计划增长率基础上再加若干个百分点。由此可知，地方财政收入预算编制的重要参考指标是综合考虑辖区经济发展形势后提出的 GDP 计划增长率，GDP 计划增长率的最大特点为它是事前指标。

在地方政府制订本辖区年度 GDP 计划增长率的诸多考量之中，以下三个方面不容忽视：(1) 中央政府 GDP 计划增长率，中央政府是站在全局角度考虑经济社会发展所面临的有利条件和各种风险之后提出一个计划指标，并为此 GDP 计划增幅的实现施行各种政策，地方政府作为辖区内单位与政策执行者，地方政府 GDP 计划增长率必须考虑中央政府政策的影响，多年来中央政府计划增长目标均在 7%~8%，中央政府的增长目标实际上约束着地方政府增长计划；(2) 相邻辖区政府 GDP 增长目标，政治激励理论认为激励地方政府发展经济首要因素是政治晋升，政绩考核的主要指标是 GDP 实际增长率，并且为了减少考核中评估误差，中央政府会以上届政府以及相邻辖区 GDP 增长情况为参考对象，晋升竞争主要是在相邻辖区地方官员间展开，GDP 计划增长率作为年度经济增长目标的底线在相邻辖区之间存在着激烈竞争；(3) 本辖区所面临现实经济环境，地方官员在政治激励下自然热衷于追求经济增长，辖区经济增长速度越

第3章 "中国式分权"、行政主导型预算与地方财政收入预决算偏离

快,地方官员在"晋升锦标赛"中排名越靠前,其获得晋升的概率相对于同僚就越高。但辖区经济增长必然要受到资金、技术、劳动力以及国内外经济形势等多种因素的限制。综合而言,GDP计划增幅作为地方政府经济增长目标的底线,作为本届政府的年度政治承诺,理性设定GDP计划增幅并实现或者超计划增长能更好地向上级政府传递其治理与发展能力的信号。

综上所述,GDP计划增长率是财政收入预算编制的依据,实际GDP增长率则决定着地方官员的晋升概率与财政决算,考虑到行政主导型预算管理体制下,因低估GDP计划增幅而带来的财政超收在本预算年度内即可用于超支而进一步提高GDP增速,理性的地方官员会策略性的影响两种GDP增长率来实现个人效用最大化。

假说 H3-1:地方财政收入预算编制主要参考指标是GDP计划增长率,而地方政府政绩考核的主要依据是辖区年度实际GDP增长率,政治晋升激励着地方官员追求辖区GDP的高速增长,计划外GDP增长为财政超收奠定了经济基础。

3.4.1.2 研究假说 H3-2

正如前所言,本书的研究对象——财政超收不同于税收超GDP增长,它是税收超GDP增长的部分成果,地方政府在预算编制阶段长期"留有余地"仅为追求财政超收奠定了经济基础。分税制改革后,地方政府为何改变征税态度积极汲取财源,税收作为地方财政收入主体,它在地方政府追求财政超收过程中又发挥何种作用。学术界为了解开"中国税收持续高速增长之谜"进行了广泛而深入的研究,并取得丰硕成果,其中新近发展起来的新财政集权理论为本章分析财政超收奠定了坚实的理论基础。

众所周知,1994年分税制改革主要目的是提高"两个比重",中央与地方间财政分配关系调整的重点是财权,对于支出责任并未做出

适当安排，中央与地方间纵向财政收支严重不平衡，地方政府面临着巨大的财政支出压力，如何汲取更多的财源来履行职责成为地方政府的重要目标。随着中央"财力集中"的力度不断加强，地方政府从发展经济和加强征管中获得的财政收益是在不断降低的，符合逻辑的推论是地方政府的征税积极性会受到打击，Goeminne等（2008）分析比利时地方政府预决算偏离度时发现地方政府征税态度确实与其能够分享的份额正相关。但是在中国，事实恰恰相反，"财力集中"力度的加强并未导致地方政府的直接对抗，地方政府通过提高征管效率来弥补纵向财政竞争的损失（汤玉刚、苑程浩，2011）。

  中央政府在政府间财政分配关系中的集权趋势迫使地方政府提高税收征管效率，税收征管效率的提高对税收高速增长的重要贡献已被学者广泛讨论，只是侧重点有所不同。需要强调的是，本章所说税收征管效率是新财政集权理论中的广义税收征管效率，税收管理、税收征管主观努力程度以及各地区不同形式的税收优惠与减免都会影响征管效率，也就是说，广义税收征管效率可以在很大程度上被视为地方政府的可控变量。在我国现行税收征管体制下，最能体现地方政府可以操纵征管效率现状的就是税收计划。税务部门日常征收管理工作在两条线上展开，分别是税收计划和依法征税，真正对税务部门具有硬约束力并且能够为地方政府控制的是税收计划。各级税务部门在完成税收计划过程中会运用较多的自由裁量权，根据某一时点上税收任务的完成情况，确定税收征管的"松紧度"（马蔡琛，2009）[①]。广义税收征管效率这种"可操纵"特点使其与新财政集权理论中税收超GDP增长的另一重要渠道——高税行业发展在财政超收中发挥着不

[①] 税收计划在税务部门管理中虽已经由指令性改为指导性，但税收计划作为税务部门绩效考核的主要标准仍与税务部门工作人员的晋升机会、物资奖励密切相关。税收计划在实际执行中出现了层层加码的现象，预测目标演变为必须完成的政治任务，税务部门在压力型政绩考核机制下容易产生税收征管中的"过头税"与"藏富于民"的激励。

第3章 "中国式分权"、行政主导型预算与地方财政收入预决算偏离

同作用。

假说 H3-2：分税制改革后中央政府"财力集中"力度的加强塑造了地方政府财政收入最大化目标，并诱发了地方政府提高税收征管效率的强激励效果，地方财政超收与中央政府"财力集中"的力度正相关。

3.4.1.3 研究假说 H3-3

地方政府面对巨大财政支出压力，加强税收征管、提高征管效率自是题中之意，也是依法征税的必然要求，但税收努力程度的提高毕竟只是在既定经济盘子中努力汲取依法应归地方政府支配的经济资源，而且税收征管还面临着边际收益递减的问题，长期而言并不一定是地方政府财政收入最大化的最优选择。新财政集权理论认为，地方政府在提高税收征管效率之外，还会努力"招商引资"发展制造业，同时由于制造业快速发展会产生强烈的"外溢效应"，进而连动服务业、房地产业的快速增长。地方政府大力发展制造业、服务业、房地产业等高税行业的收益是显而易见的，首先，这些行业的发展可以推动 GDP 快速增长，相应的地方政府官员在"晋升锦标赛"中摘取金牌的可能性也就随之提高；其次，制造业的快速发展可以直接带来稳定而持久的增值税和企业所得税，服务业和房地产业作为地方政府最重要财源营业税的税基且具有一定区位黏性，地方政府有激励将其充分征收；最后，地方政府还可利用其土地市场垄断供给者的身份高价出让商业、住房用地进而获取巨额土地出让金。

地方政府大力发展高税行业、加强税收征管是税收超 GDP 增长最重要的"两只手"，就预决算角度而言，其最终表现为财政决算收入的快速增长，讨论的对象是财政超收中的分子——财政决算，而对分母——财政预算的讨论则就引入了本章的第 3 个假说，高税行业快速发展带来了税收增长好于预期，在政绩考核的激励下，再加上预算

管理体制的行政主导型特征，地方政府有强烈冲动与条件将财政超收收入转化为本预算年度的财政超支，高培勇（2008）形象地将之称为超收与超支间的"直通车"，所以年初财政收入预算会经常调整、追加，相对于财政决算，本章认为高税行业快速发展与财政超收可能负相关。

研究假说 H3-3：在行政主导型预算制度背景下，因高税行业快速发展带动着税收超 GDP 增长，税收征收好于预期使地方政府经常调整年初预算，高税行业发展"不可控制"①特征使其与预算调整后的财政超收可能呈现负相关关系。

3.4.2 实证模型与数据来源

3.4.2.1 实证模型与变量

为了实证检验本章所提出三个研究假说，具体分析计划外 GDP 增长、"财力集中"与高税行业对地方财政超收的影响，具体实证模型设定为：

$$Bud\_surp_{it} = a_0 + a_1 Un\_gdp_{it} + a_2 Rgh_{it} + a_3 fnh_{it} + \beta X_{it} + \eta_i + \eta_t + \varepsilon_{it}$$

(3.1)

其中，Bud_surp_{it} 为 i 省区市在 t 年的财政超收，我们用该省区市在 t 预算年度的财政收入决算除以财政收入预算。需要强调的是，此处财政收入预算并非是年初经各级人大审议通过的预算，而是在预算执行过程中地方政府调整、追加后的收入预算。

Un_gdp_{it} 是计划外 GDP 增长，GDP 计划增长率与实际增长率分

---

① 陶然等（2009）认为，由于私人投资相对于国有企业与乡镇企业有更大流动性，会根据各地区优惠程度不同来选择投资地，从而导致地方政府为扩大税基而争夺投资的激烈竞争，地方政府为吸引资本而展开"蒂伯特"式横向竞争，所以本章所说的"不可控制"实质反映了地方政府"不愿控制"高税行业发展的心理。

别作为财政收入预算、决算的经济基础,当地方政府在晋升激励下策略性影响两种 GDP 增长率时,GDP 的超计划增长自然会带来财政超收。

Rgh_{it} 是真实"财力集中","财力集中"有名义与实际之分,度量方式也有差异,考虑到名义"财力集中"反映的是分税制改革后中央政府名义享有财权,真实"财力集中"是考虑了税收返还、地方上解等中央与地方相互妥协后中央政府实际占有财权,相比于名义"财力集中",真实"财力集中"更能影响地方政府的征税态度,我们采用方红生和张军(2013)真实"财力集中"的计算公式,真实"财力集中"=(分省中央税收+地方上解-税收返还)/分省总税收。

fnh 表示地方政府大力发展制造业、服务业、房地产业等高税行业带动税收高速增长,地方政府预算约束条件因此而软化,本章遵循方红生和张军(2013)的做法使用非农产业化(第二、第三产业增加值之和与第一产业增加值之比)作为高税行业发展的代理变量。

X_{it} 是现有文献中经常提到会影响财政收入的控制变量集,包括经济发展水平(Lnrgdp),用人均实际 GDP 对数表示,以 2000 年各省区市人均 GDP 为基期,用各省区市历年 CPI 进行换算,得到实际人均 GDP 并取对数;通货膨胀(CPI)用 CPI 的增长率来表示;城镇化(Urban)用城镇人口占总人口的比重表示城镇化率;民营化(Pri_mnh)用城镇单位在岗的职工总人数中非国有部门职工人数所占比例来表示。

各主要变量描述性统计如表 3-2 所示。

表 3-2   各主要变量描述性统计

变量	变量含义	观测值	均值	标准差	中位数	最小值	最大值
Bud_surp	财政超收	390	109.32	6.629	107.7	94.99	142.46
Un_gdp	计划外 GDP 增长	390	2.069	1.762	2	-3.689	8.8
Rgh	"财力集中"	390	46.627	10.988	47.676	10.996	72.188

续表

变量	变量含义	观测值	均值	标准差	中位数	最小值	最大值
fnh	非农化	390	14.364	24.81	6.638	1.744	156.916
Lnrgdp	经济发展水平	390	9.958	0.691	9.573	7.887	11.179
CPI	通货膨胀	390	0.351	2.297	1.033	-9.184	5.539
Urban	城市化	390	46.038	15.087	43.89	17.7	89.3
Pri_mnh	民营化	390	41.369	16.354	37.853	13.006	85.006

3.4.2.2 数据来源

本章的研究重点是财政超收，根据我们的计算公式，要计算出各省级政府在2000~2012年财政超收，我们需要知道每年年初召开各级人民代表大会时所审议通过的政府预算，以及当年度的政府决算。但是完整收集390份预决算报告现实中面临着较多困难，本章所使用的财政预决算数据来自《中国财政年鉴》（2001~2013年），需要说明的是：（1）《中国财政年鉴》中的预算数据是预算执行中调整后的数据，并非年初经本级人大审议通过的预算；（2）中国目前有大连、青岛、宁波、厦门、深圳5个计划单列市，它们的财政预决算数据并没有包含在相应的省级数据中，在计算财政超收时需要将它们加入。

关于地方政府GDP计划增长目标，本章收集整理了除西藏外30个省、区市2000~2012年的390份政府工作报告，虽然绝大部分省级政府在这些年中都明确公布了当年度GDP增长目标，但也有少数年份缺失，2001年吉林、宁夏和2006年浙江、北京，本章使用的是由各省级政府发展和改革委员会向本级人民代表大会所提交的《国民经济和社会发展计划草案的报告》中年度GDP增长目标。各省级政府年度GDP实际增长速度则来自《中国统计年鉴》（2001~2013年）。

分省中央级税收、分省总税收数据来自《中国税务年鉴》（2001~2013年），并且分省总税收中加入了农业税、农业特产税、牧业税、耕地占用税、契税等由财政部门征收的税收；分省地方上解来自《中国财政年鉴》（2001~2013年）中《公共财政预算收支决算总表》；税收返还来自《地方财政统计资料》（2000~2009年），税收返还目前包含增值税和消费税税收返还、所得税基数返还、成品油价格和税费改革税收返还三部分，根据《中央对地方税收返还和转移支付预算表》（2010~2012年）所公布数据，可以看出所得税与成品油税费改革税收返还决算数三年中没有发生变化，考虑到税收返还"存量不动"的特点，一个合乎逻辑的假设是中央政府对地方政府所得税和成品油税费改革税收返还三年中并无变化，而增值税与消费税收返还则可根据各省区市当年两税增长情况计算而得。此外，需要注意的是5个计划单列市的财政数据需要加入相应的各省级政府中。

控制变量的原始数据来源自《中国统计年鉴》（2001~2013年）、新中国60年统计资料汇编、各省区市统计年鉴和中经网。

3.4.3 实证结果分析与稳健性检验

3.4.3.1 实证结果分析

在这一部分，我们将对主要的实证结果进行汇报，并分析计划外GDP增长、真实"财力集中"以及高税行业发展对地方财政超收会产生什么样的影响，整体估计结果见表3-3。表3-3中的第1列是仅对三个核心解释变量进行回归，没有包含控制变量，可以看出计划外GDP增长、真实"财力集中"以及高税行业发展对地方政府财政超收有着非常显著的影响，均通过了1%的显著性水平检验，且符号与本章的研究假说一致。第2、第3列我们单独考察计划外GDP增长在引入控制变量的条件下对财政超收的影响，因为未能通过5%显著性水平的Hausman检验，所以我们给出了固定效应、随机效应两种方法的回归结果，计划外GDP增长的系数为正，且能够通过显著性水平为1%的检验，这在一定程度上证实了假说H3-1。

表 3-3　晋升激励、真实"财力集中"与地方财政超收

变量	1	2	3	4	5	6	7
Un_gdp	0.8103 *** (3.4828)	0.8745 *** (3.4051)	0.8564 *** (3.2917)			0.7886 *** (3.1868)	0.7890 *** (3.1205)
Rgh	0.2465 *** (3.0228)			0.2428 *** (3.1344)	0.1489 ** (2.2723)	0.2319 *** (3.0193)	0.1430 ** (2.1888)
fnh	−0.0637 *** (−2.7622)			−0.0672 ** (−2.3716)	−0.0560 *** (−2.5775)	−0.0479 * (−1.9613)	−0.0416 ** (−2.2420)
Lnrgdp		3.2997 ** (2.1588)	1.8648 + (1.4508)	4.0747 *** (3.7813)	1.6516 (1.3965)	3.7332 *** (3.5528)	1.3360 (1.0163)
CPI		−0.0047 (−0.0410)	−0.0169 (−0.1454)	0.0741 (0.5584)	0.0487 (0.3780)	0.0488 (0.3908)	0.0308 (0.2567)
Pri_mnh		−0.1304 * (−1.8615)	−0.1216 ** (−2.3515)	−0.0679 (−1.3558)	−0.0980 ** (−2.0686)	−0.0681 (−1.4051)	−0.0970 ** (−2.0541)
Urban		−0.0251 (−0.2914)	0.0054 (0.1149)	0.0056 (0.0615)	0.0177 (0.2897)	−0.0020 (−0.0233)	0.0053 (0.0889)
_cons	97.501 *** (33.1173)	80.762 *** (5.6563)	92.057 *** (9.2491)	64.146 *** (5.9965)	89.038 *** (9.0528)	66.922 *** (6.2085)	91.598 *** (8.4727)
N	390	390	390	390	390	390	390
r2_w	0.3317	0.3181	0.3167	0.3154	0.3090	0.3447	0.3388
模型类型	FE	FE	RE	FE	RE	FE	RE

注：括号中是异方差稳健（robust）系数估计值的 t 值；+、*、**、*** 分别代表 15%、10%、5% 和 1% 的显著性水平；所有回归均已控制了年份虚拟变量。FE 模型为异方差稳健的双向固定效应回归；RE 模型为异方差稳健的 GLS 方法。

第 4、第 5 列同样引入控制变量，主要是考察真实"财力集中"与高税行业发展对财政超收的影响，虽然模型通过了 5% 显著性水平的 Hausman 检验，但出于统一起见仍旧报告了固定效应与随机效应两种回归结果，就 FE 与 RE 而言，不同的回归方法并没有改变我们的结论，在 5% 或 1% 的显著性水平下，真实"财力集中"与高税行业发展对财政超收的影响十分显著，且与假说 H3-2、假说 H3-3 的符号预期一致。

第 6、第 7 列综合考察计划外 GDP 增长、中央真实"财力集中"

第3章 "中国式分权"、行政主导型预算与地方财政收入预决算偏离

和地方政府发展高税行业对财政超收的影响。从表 3-3 可以看出，计划外 GDP 增长每增加 1%，财政超收上升 0.79%，这说明地方政府在政治激励作用之下策略性地制订 GDP 计划增长率，努力发展经济推动实际 GDP 增长速度对财政超收产生了重要影响，假说 H3-1 得到证实。需要强调的是，由于我国《预算法》存在的制度漏洞使财政超收极易脱离人大监督，相对于年初人大批准的财政收入预算而言，地方政府对财政超收拥有较高自由裁量权，因此，当 GDP 超计划增长而带来财政超收时，地方政府官员可以将财政超收投入基本建设性支出中，进一步促进经济增长，如此对地方政府官员而言，GDP 超计划增长与财政超收间能实现良性循环。

财政超收与中央真实"财力集中"正相关，真实"财力集中"的力度每提高 1%，财政超收在地方政府加强税收征管，努力提高税收征管效率的作用之下会提高 0.23%，说明本章假说 H3-2 是合理的。地方政府大力发展高税行业带来了税收的持久快速增长，在行政主导型预算管理体制下，地方政府会调整、追加年初财政收入预算，财政超收与超支之间确实存在着一列"直通车"，在固定效应与随机效应中非农化变量均与财政超收负相关，与研究假说 H3-3 的预期一致，并且在 10% 或 5% 显著性水平下显著。

在控制变量中经济发展水平（Lnrgdp）对财政超收产生显著正向影响，可能原因是经济发展水平高的地区在过去十余年一直是中国经济增长的重心所在，计划外 GDP 增长更加明显，另外，这些地区作为经济发达地区也有较多资源可供加强税收征管；民营化（Pri_mnh）与财政超收显著负相关，可能原因是民营企业规模相对较小，财务制度缺乏规范，并且相当一部分企业存在偷税漏税的情况，其监管难度很大，它们对总体税收增长贡献有限。

3.4.3.2 稳健性检验

为了保证前述结论的可靠性，本章从以下三个方面进行稳健性检

验：第一，关于财政超收的定义，我们采用人均财政超收的对数值来表示，表3-4中第1、第2列是使用人均财政超收对数值作为被解释变量的回归结果，可以看出，我们关注的核心解释变量无论有无控制变量，计划外GDP增长，真实"财力集中"和高税行业发展的符号与前面的实证结果一致，显著性水平没有发生明显变化。第二，关于高税行业发展的代理变量，曹广忠等（2007）认为高税行业发展会导致地区产业结构发生变化，进而促进税收高速增长，本章借鉴郭庆旺、吕冰洋（2004）的做法利用第三产业产值与第二产业产值之比（Indstr）来度量产业结构优化情况，并用第二、第三产业产值比来替换非农化变量后重新估计模型，以检验模型结果的稳定性，回归结果见表3-4中第3～第6列，其中第5、第6列是使用2000～2009年的子样本回归结果，代理变量与样本区间的变化并没有改变我们的结论。第三，由于前面计算真实"财力集中"时，2010～2012年税收返还数据是估算，这可能在一定程度上影响实证结果的可靠性，所以在剔除2010～2012年三年样本的基础上做回归，从第7、第8列可以看出，真实"财力集中"在5%显著性水平上显著，符号与我们的研究假说一致。

表3-4　　　　　　　　　稳健性检验的回归结果

变量	1	2	3	4	5	6	7	8
Un_gdp	0.122*** (4.042)	0.119*** (3.810)	0.776*** (3.188)	0.771*** (3.087)	0.652** (2.313)	0.649** (2.415)	0.624** (2.193)	0.609** (2.238)
Rgh	0.0271** (2.072)	0.0255** (2.191)	0.222*** (3.137)	0.198*** (2.771)	0.362*** (2.696)	0.307** (2.135)	0.362** (2.391)	0.321** (2.294)
fnh	-0.021*** (-3.129)	-0.018** (-2.67)					-0.116** (-2.56)	-0.102* (-1.998)
Indstr			-0.048*** (-3.549)	-0.044*** (-3.172)	-0.048** (-2.217)	-0.038** (-2.399)		
Lnrgdp		0.85** (2.69)		2.81** (2.46)		2.92+ (1.516)		4.26*** (2.88)

第 3 章 "中国式分权"、行政主导型预算与地方财政收入预决算偏离

续表

变量	1	2	3	4	5	6	7	8
CPI		-0.0168 (-0.96)		0.0482 (0.382)		-0.0034 (-0.026)		0.031 (0.234)
Pri_mnh		-0.008 (-1.22)		-0.066 (-1.457)		-0.162** (-2.132)		-0.145* (-1.775)
Urban		0.002 (0.162)		-0.173* (-2.015)		-0.172 (-1.012)		-0.128 (-0.799)
_cons	2.147*** (4.36)	-5.16+ (-1.59)	102.63*** (34.11)	86.59*** (6.36)	98.23*** (20.34)	84.40*** (3.32)	94.29*** (17.39)	66.85*** (3.37)
N	380	380	390	390	300	300	300	300
r2_w	0.653	0.667	0.338	0.352	0.285	0.314	0.289	0.318
模型类型	FE	FE	FE	FE	FE	FE	FE	FE

注：括号中是异方差稳健（robust）系数估计值的 t 值；+、*、**、*** 分别代表 15%、10%、5% 和 1% 的显著性水平；所有回归均已控制了年份虚拟变量。FE 模型为异方差稳健的双向固定效应回归。

3.5 小　　结

本章研究发现，地方财政超收与政治"晋升锦标赛"、中央财政集权，以及人大预算监督职能被弱化有着密切关系，本章以政治激励理论与新财政集权理论为基础，提出了三个研究假说，并运用 2000～2012 年省级平衡面板数据构建了固定效应模型进行实证检验，研究结论如下：

（1）财政收入预算编制主要依据是 GDP 计划增长率，地方官员政绩考核主要指标是 GDP 实际增长率，地方官员有动机来策略性地影响两种 GDP 增长率，我们发现 GDP 增长率每超计划增长 1%，财政超收就增加 0.788%。

（2）分税制改革后中央加强财政集权，地方政府面临着巨大的

财政支出压力，财政收入最大化成为地方政府重要目标，随着中央"财力集中"的力度不断加强，地方政府加强征管，提高征管效率，财政超收作为税收高速增长的结果亦属自然，中央政府"财力集中"的力度每提高1%，财政超收增加0.232%。

（3）地方政府增加财政收入的另一渠道是发展制造业、房地产业与服务业等高税行业，在经济发展中扩大税基，高税行业的发展带来税收快速增长，在税收征收好于年初预期情况下，地方政府可能调整年初预算追求超支，我们发现，非农化程度提高1%，财政超收大约降低0.048%。

第4章 地方政府竞争、财政压力与地方财政收入预决算偏离

第4章 地方政府竞争、财政压力与地方财政收入预决算偏离

4.1 引 言

自2008年国际金融危机以来，我国宏观经济增长速度虽在4万亿元经济刺激计划下一度反弹至2010年第一季度12.1%的高点，但此后就开始出现经济增速持续下降的趋势。2014年5月习近平总书记指出我国经济在经过三十多年高速增长之后将进入以中高速增长的经济发展新常态，新常态下经济增速放缓将对公共财政产生重要影响。最直接的影响就是财政收入增速的下滑，根据财政部《2014年全国公共财政收支情况报告》，2014年中央本级一般公共财政收入64490亿元，增长7.1%；地方本级一般公共财政收入75860亿元，增长9.9%。中央本级一般公共财政收入增速低于2014年全国GDP增速7.4%，地方本级一般公共财政收入更是2003年以来首次回落至个位数增长，这与分税制改革后已经保持了十余年的税收超GDP增长时代的两位数财政收入高速增长形成鲜明对比，也预示着"财政紧约束"时代的来临。众所周知，我国40年的改革开放选择的是"存量不动、增量调整"的渐进式路径，具体到财政体制改革中，比较典型的事例就是分税制改革中承认地方既得利益和税收返还，而渐进式财政体制改革路径能够取得成功的重要依托就是过去十多年来经济增长与财政收入的高速增长及其相互作用，能有效消除改革成本与改革阵痛（见图4-1）。

新常态下的经济发展阶段，只有进行全面深化改革，释放制度红利，才能实现国民经济的中高速增长，具体到财政，就是要求能够为经济结构的优化升级与创新驱动发展的经济增长方式转变，提供政策与资金的支持。同时，教育、医疗、环保等民生事业的改善，既能使人民群众分享经济发展成果以保持社会稳定，也能提高新常态下经济发展阶段的潜在经济增长率。所以经济发展紧缩期的财政支出刚性压

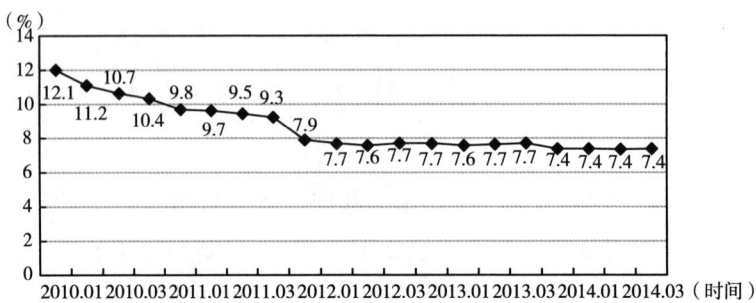

图 4-1 新常态下中国 GDP 季度增速

资料来源：国家统计局网站。

力与财政资源汲取能力之间的矛盾与冲突将逐渐尖锐化，准确地预测财政收入增长趋势，合理设计财政支出的政策目标与资金来源以达到"稳增长、调结构、惠民生"多重政府治理目标之间的合意平衡就显得尤为重要，这将对地方公共预算管理能力提出巨大的挑战。

党的十八届三中全会明确提出建立现代财政制度的改革目标，其中改进预算制度是三项全面深化改革重点任务之一，楼继伟（2014）指出，现代政府预算制度是现代财政制度的基础，建立现代预算管理制度的核心内容是"预算编制科学完整、预算执行规范有效、预算监督公开透明"。鉴于以往年度预算平衡机制容易造成税务部门的"顺周期"征税态度，不利于发挥财政宏观调控职能，由于年度预算平衡机制容易导致地方政府行为的短期化倾向，不能有效控制地方政府债务规模的膨胀（廖家勤、宁扬，2014）。所以有必要借鉴成熟市场经济国家的预算管理经验建立与经济周期而非仅仅是年度相适应的预算平衡机制，2015 年 1 月国务院颁布《关于实行中期财政规划管理的意见》（国发 3 号文）对中期财政规划的基本原则、主要内容以及编制主体和程序作出了原则性规定。根据《意见》可以看出，中期财政规划指导着年度预算编制，各级政府要根据财政收入预测决定年度预算的支出重点、地方自发自还地方债债务规模，以及跨年度预算资本性项目支出的立项与规模，同时在第二、第三年度要根据地方政府辖区内经济发展、财政收入情况进行调整，对于没有纳入中期财政规划的项目不予财政拨款。中期财政规划的实施有利于缓解新常态下财政收入增速放缓与财政支出刚性压力之间的矛盾，在财政紧约束时代传统"存量不动、增量调整"的渐进式改革路径的政策选择空间正在变窄，今后一段时期的财政结构性改革可能将逐步由增量扩能为主转向存量与增量并存的深度调整，而中期财政规划通过预测规划期内的财政收支结构调整，明确各利益群体的未来预期，有利于降低财政体制改革推进的阻力，而且中期财政规划与年度预算通过逐年滚动更新编制的方式，能够强化对年度预算的约束性，有利防范地方债务风险，实现财政可持续发展。

准确的收入预测能力是成功实施中期财政规划的第一步（杨志勇，2014），回顾1994年分税制改革以来地方政府预算编制的科学性，我们发现在提高地方预算编制的精细化、科学化方面仍有明显的制度红利可供开发，如图4-2所示，全国30个省、自治区、直辖市（西藏除外），在1997~2012年的16年间，平均而言，只有河北、福建、山东、湖北、广东、海南六个省份低于国际通行的5%预决算偏离合理范围。

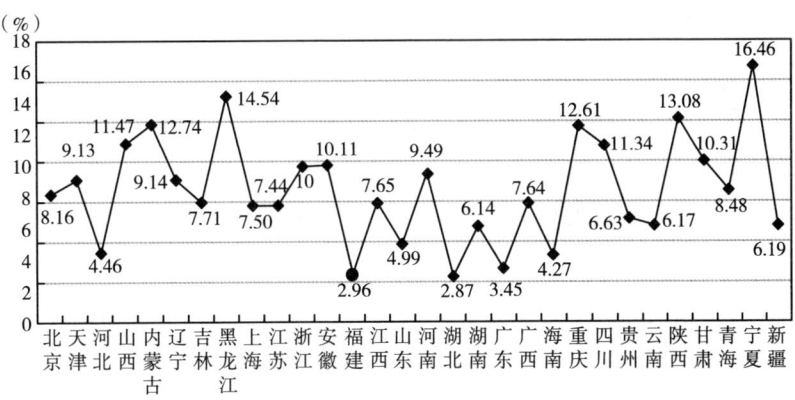

图4-2 1997~2012年各省、自治区、直辖市平均预决算偏离度

注：预决算偏离度=（当年财政收入决算-当年财政收入预算）/当年财政收入预算

资料来源：根据《中国财政年鉴》中相关数据计算所得。

预决算偏离度概念由高培勇（2008）提出，并指出预算编制、预算执行与预算监督所存在的体制机制缺陷是造成我国预决算偏离度过大的重要原因；马岭（2010）认为《预算法》只明令禁止短收而没有关于超收的规定，以及"预算调整"规定不尽合理使财政超收与超支极易躲过人大审议；赵海利和吴明明（2014）认为预决算偏离度过大与地方官员政绩考核和税收计划压力性考核制度有着密切关系；徐阳光（2011）指出收入预测的真正挑战是政治和法律层面而非技术、方法等客观因素。预决算偏离度在学术研究中属于比较新颖的概念，尚未引起足够的重视，已有的研究成果也主要是进行理论性阐述的，缺乏经验证据的支撑。本章与现有的研究相比，有以下几个方面的边际贡献。

第一，地方财政收入预决算偏离度过大确实与预算制度和地方官员政绩考核制度有着密切关系，学者们是从宏观层面、制度层面展开论述，收入预算编制的依据是 GDP 计划增长率，政绩考核核心指标是 GDP 实际增长率，财政激励和政治激励理论都是从地方政府竞争的角度研究中国经济高速增长，这种横向的地方政府竞争会如何影响预决算偏离。就笔者所能收集阅读到的关于预决算偏离的研究文献中，尚未有学者从微观层面的地方政府横向财政竞争的角度研究它会如何影响地方财政收入预决算偏离。

第二，分税制改革的财政集权化趋势，地方政府横向财政竞争会给地方政府造成巨大财政压力，地方政府面对财政压力会如何抉择，考虑到我国于决算偏离主要是财政超收，所以合乎逻辑的推论似乎是地方政府在财政压力下会积极发展经济，提高税收征管效率，所以财政压力与预决算偏离之间是正相关关系。但这种推理更多的是讨论的财政决算，而没有考虑我国地方预算管理软约束的现实。我们发现地方政府利用土地垄断供给者身份积极发展高税行业，提高税收征管效率，当税收增长好于年初收入预算时，地方政府会调整、追加年初预算去追求财政超支。上述推论的后半段应该为财政压力与预决算偏离

第4章 地方政府竞争、财政压力与地方财政收入预决算偏离

之间是正相关关系，本章的研究也为高培勇（2008）关于财政超收与超支间的"直通车"提供了经验证据支撑。

第三，我们关于财政压力与预决算偏离之间的负相关关系结论，主要是基于地方政府在年度预算执行过程中调整年初收入而得到。从稳健性考虑，我们以财政决算支出的增长压力的角度验证了这种推论，实证结果证明两者间是正向关系，更加强化了关于地方政府年度执行中的"直通车"问题。

第四，以往学者讨论多从制度层面进行理论性论述，缺少经验证据的支持。本章使用1997~2012年30个省级政府的平衡面板数据，使用固定效应与SYS-GMM进行实证分析，为其他学者的研究提供实证支撑。

4.2 理论分析与研究假设

改革开放40年以来，中国经济以年均约10%的速度在高速增长，中国经济"增长奇迹"与其他转型国家和发展中国家的增长缓慢甚至停滞形成了鲜明对比，正如Allen等（2005）所指出，中国的司法制度、产权保护制度以及其他制度均落后于其他国家，但长期以来中国却是世界上为数不多能够保持经济高速增长的经济体。由于中国的改革开放选择的是经济改革先行、政治改革滞后的渐进式改革路径，基于西方国家经济发展经验所总结的经典经济增长理论难以有效解释中国经济高速增长之谜。众多学者开始尝试从中国实际情况出发来尝试解释中国经济何以能够长久保持增长活力，目前形成了两种比较有代表性的理论。

财政激励理论认为，中央与地方政府之间的行政分权赋予了地方一定的经济管理权限，以财政包干制为代表的财政分权则使地方政府能够分享经济增长带来的剩余，所以地方政府有能力与动机致力于优

化辖区投资环境，吸引流动性资本要素的流入，因为稀缺性资本要素与中国丰富劳动力资源相融合可以带来辖区财政收入的快速增长。财政激励理论是从地方官员"经济人属性"出发，认为激励地方政府积极发展经济的深层次动机是他们更关注财政分权可以使本辖区能够分享经济增长成果。周黎安（2007）指出，"市场维持型财政联邦主义"若想发挥行政和财政分权的强激励效果，它要求中央和地方之间的分权必须具有高度稳定性，但事实上中央和地方之间的分权关系是在不断调整的，甚至是损害地方利益的，却并没有影响激励地方官员发展经济的积极性。政治激励理论认为地方官员更关注其个人的政治地位升迁，应从地方官员"政治人属性"出发探讨激励地方官员的深层次动机。改革开放后，中央政府提拔地方官员的标准转变为以经济绩效为主，其中可量化的辖区 GDP 增长情况在政绩考核指标体系中居于核心地位，同时为了减少政绩考核中存在的评估误差，中央政府以相邻辖区和上届政府的 GDP 增长率为参考对象。所以这种自上而下的多级财政分权和强有力中央领导集中相结合的"中国式分权"治理模式，创造了地方政府"为增长而竞争"的发展共识和强大激励（张军等，2007）。对于追求政治晋升的地方官员而言，为实现辖区经济快速发展必须积极"招商引资"，其中有着更高生产效率，能够带来管理、技术等多方面溢出效应的外商直接投资（FDI）更是地方政府竞相吸引的重点对象（张晏、夏纪军，2005）。

财政激励与政治激励是解释中国经济转型期 GDP 高速增长而形成的两种理论，两者都承认地方政府行为是影响中国经济高速增长的重要原因，两者区别在于激励地方政府发展经济的根源到底是政治晋升还是财政收入，即财政激励与政治激励之争论在于何种制度安排真正"搞对了政府激励"，是激励地方政府推动辖区经济增长的深层次根源。就本章的研究对象——地方财政收入预决算偏离而言，财政激励与政治激励之间并不存在冲突。对地方政府而言，财政收入最大化使地方政府能够不断放松预算约束条件，增强其干预辖区经济增长的能力，通过执行扩张偏向（方红生、张军，2009）和生产性财政支出政策（傅勇、张晏，2007），辖区 GDP 的高速增长显著增强地方官员在政治晋升锦标赛中的夺冠希望。GDP 的高速增长又奠定了财政收入最大化的经济基础，地方政府只须提高征税能力、改变征税态度就可依法汲取财源，张军（2012）指出，地方官员在政治晋升锦标赛中的策略性选择与他们追求地方财政收入最大化模型中的选择是一致的。

财政分权与政治晋升均会激励地方政府努力发展经济，由于我国所处经济发展阶段，流动性较强的资本要素是地方政府推动辖区经济高速增长中最稀缺的资源。对地方官员而言，无论是追求政治晋升机遇的最大化还是财政收入最大化，地方官员效用最大化函数中资本要素都占据着重要地位，坚持经济增长为己任的地方政府对吸引流动性较强的稀缺资源——生产性资本要素到本辖区内投资有着近乎本能的浓厚兴趣（乔宝云等，2005）。

地方政府为了政治晋升机会最大化和财政收入最大化积极推动辖区经济能够快速增长，而在资本要素投入仍是实现辖区经济增长最主要驱动力的经济发展阶段，尽管地方政府有强烈的积极性去吸引流动性较强的资本要素能到本辖区投资建厂，但强烈的主观发展动机仍须借助于具体的财政政策工具才能最终实现经济增长的客观成果。就财政竞争的工具而言，在收入层面主要表现为税收竞争，但是由于税种的新设、税率的调整等关键性税权集中于中央政府手中，地方政府通过提供税收优惠、延长税收减免优惠期限、先征后返等方式去变相降低资本要素的实际税率，以增强本地区在吸引资本要素竞争中的竞争力。郭杰和李涛（2009）利用省级面板数据所进行的空间计量实证结果表明，地方政府确实通过税收竞争争取经济资源，而与吸引资本密切相关的增值税、营业税、企业所得税在税负水平上表现出明显的空间策略互补特征，为地方政府间税收竞争提供了经验证据支持；沈坤荣和付文林（2006）的研究结果表明，我国省级政府间税收竞争策略反应函数的斜率为负值，经济发展水平不同的地方政府进行财政竞争的策略开始出现差异，并指出由于税收立法权的高度统一，地方政府主要通过争取中央政府批准扩大本辖区税收优惠幅度和策略化影响征税努力程度，实现降低本辖区宏观税负水平，吸引有价值经济资源的流入；李涛等（2011）发现地区间的税收竞争降低了宏观税负，税收竞争促进了经济增长；龙小宁等（2014）使用县级数据发现，资本流动性程度不同也会影响税收竞争激烈程度，县级政府为吸引外资企业到本辖区投资，与内资企业相比，县级政府更容易给予外资企业税收优惠，或者超国民税收待遇。

地方政府通过为流动性资本要素提供经济激励争取其流入本辖区，但地方政府间税价竞争策略性博弈行为会导致地方政府陷入外部资源零税率设定的困境，进而导致地方财政收入的较大损失（李永友、沈坤荣，2008）。随着时间的推移，粗放式税价（率）竞争的不可持续性，地方政府间经济发展水平的不均衡，共同诱使地方政府开始寻求差异化的财政竞争策略，通过改善内部投资环境的财政支出竞争开始成为部分地方政府的另一重要财政竞争工具，李涛和周业安（2009）为财政支出竞争的存在性提供了直接证据支持。无论是税收竞争还是财政支出竞争，对地方政府而言都意味着资源的损失，财政资源的稀缺性决定了地方政府必须提高财政资源的使用效率才能充分发挥财政竞争的潜能，争取经济资源在本地区投资，推动经济增长，提高其在政治"晋升锦标赛"中的相对位次。在财政支出方面，首先，在财政支出总量上追求规模的最大化，方红生和张军（2009）发现在"中国式分权"治理模式与地方预算管理软约束的共同作用下，地方政府竞争激励其采取扩张偏向的财政政策；其次，在财政支出结构上，因为地方官员必须在有限内的任期内推动辖区GDP的快速增长方能彰显其政绩，经济建设性支出对经济增长的效果能更快、更高地得以体现，所以地方政府更倾向于生产性财政支出结构。傅勇和张晏（2007）认为政绩考核下的政府竞争造就了财政支出"重视

第 4 章　地方政府竞争、财政压力与地方财政收入预决算偏离

基本建设、轻人力资本和公共服务"的扭曲性结构；生产性财政支出结构在财政支出竞争中具体表现为地方政府大量投资于基础设施建设，不仅因为良好的基础设施建设有利于招商引资，对辖区经济增长有直接促进效应，也因为显著改善的辖区基础设施建设本身就是地方官员的耀眼政绩（张军等，2007）。

以上我们所讨论的税收竞争和财政支出竞争均属于地方政府之间的横向财政竞争，它们对财政收入的影响有两个方面的作用：一是随着辖区的经济总量的税源逐渐丰富；二是地方政府为追逐流动性资本而展开的"扑向底部的竞争"会使实际税率走低，宏观税负下降，而财政支出竞争又倾向于扩大支出规模。横向财政竞争的白热化会导致以下结果，GDP 依然在高速增长，财政收入增速却不能与经济增长同步发展，地方政府财政赤字会不断攀升新高，地方债务负担沉重。但众所周知，改革开放 40 年来，财政收入占 GDP 比重、中央财政收入占全国财政收入比重在分税制改革之后成功实现"U"形转变。

我们应当如何理解地方政府间横向竞争降低实际税负，分税制改革后税收却能实现长达十余年的超 GDP 增长之间的矛盾。考虑到这一变化发生在 1994 年分税制改革后，分税制与财政包干制时期相比，经济增长速度仍旧在高速增长，我们可以观察到的重要变化是地方政府征税态度积极性在分税制财政管理体制下发生了明显改变。分税制改革之后，地方政府开始重视税收征管技术水平的提高，提高税收努力程度，加强财税征管部门的绩效考核，所以理解这一矛盾的关键在于地方政府征税态度为何会在分税制财政管理体制下发生逆转。Keen（1998）指出财政竞争不仅存在于横向的地方政府之间，它也同时存在于不同层级的政府之间，当中央政府与地方政府对共同的税基进行征税时，由于"公共池塘效应"的存在，中央政府与地方政府都很少考虑自身征税会对双方的共同税基产生侵蚀作用，因此纵向财政竞争倾向于提高实际均衡税率。汤玉刚和苑程浩（2010）是国

内学者中较早从纵向财政竞争角度解释中国税收超 GDP 增长的,他们认为分税制改革后,中央与地方政府之间的纵向财政竞争逐渐取代地方政府之间的横向财政竞争成为决定税收的主导因素,中央政府提高税收分成比例、规范化地方预算外收入的努力改变了地方政府应对强大纵向财政竞争压力的策略性选择,也就是说,地方政府面对着中央的税收集权并未采取直接对抗,而是通过提高本辖区的税收征管效率来弥补自身在纵向财政竞争中所受到的损失;吕冰洋(2009)认为分税制改革在政府间形成了稳定的基于分税合同的税收分权契约,分税合同比财政包干制时分成合同和定额合同更能激励地方政府的税收努力。

我们关于横向财政竞争的讨论解决了地方政府致力于培植辖区内税源的问题,纵向财政竞争主要是着眼于地方政府税收征管努力,但是经济增长和加强税收征管在其他国家的税收增长之中同样起着重要作用,也就是说,两者的作用具有普遍性或者一般性,但我国在分税制改革后,税收呈现出某种跳跃性增长的态势,而同时期我国税收制度基本保持稳定,并未推出重要增税措施,反而采取具有减税作用的结构性税制改革,所以解开中国税收高速增长只能采用特殊方法、特殊视角与思维。高培勇(2006)提出现行税制制定时预留了巨大"征管空间",随着税务部门征管效率提高,实征税负会不断地靠近法定税负从而实现税收高速增长。曹广忠等(2007)则对税收征管效率提出质疑,认为税收征管效率长期必然面临边际收益递减的困境,难以解释长达十余年的税收超 GDP 增长。纵向财政竞争所引致的地方政府税收征管努力属于税收征管效率的主观性方面(吕冰洋、郭庆旺,2011),它的作用必然具有局限性。地方政府为吸引资本要素的流入,努力发展辖区经济,追求个人预期效用的最大化,虽然不得不承受巨大财政压力但又必须进行横向财政竞争,可是 1994 年分税制改革以来税收超 GDP 增长保持了将近 20 年。纵向财政竞争引致的征税态度转变固然重要,可又面临着税收征管效率在长期内必然出

第4章 地方政府竞争、财政压力与地方财政收入预决算偏离

现边际收益递减的困境,而且如果地方政府"财力集中"过度汲取辖区财源可能竭泽而渔,吓走"用脚投票"的生产性投资者,经济发展与财政收入陷入恶性循环境地,从根本上也并不利于地方官员的个人效用最大化。

地方政府既需要进行横向财政竞争以吸引资本要素流入本辖区,但又不能过度攫取地方财源,问题关键在于,地方政府需要找到能够帮助其突破金融约束又能有利于实现税收高速增长的政策工具,我们认为这一政策工具就是地方政府利用土地垄断供给者的身份对不同的土地使用者索取不同的价格。地方政府进行招商引资的手段,其可选择的政策工具除了为生产性投资者提供税收优惠与建设良好的基础设施之外,另一重要手段就是低价甚至零地价的协议转让方式为制造业企业提供工业用地。地方政府为何愿意承受土地出让金的财政损失而低价转让工业用地,关键在于地方政府辖区内工业化和资本积累的快速推进所带来的政绩和财政收益显著大于土地出让金的财政损失,而且低价转让工业用地的土地出让金损失更多会被分担至失地农民或者下届政府来承担(陶然等,2007)。

地方政府低价协议转让工业用地增强了本辖区竞争资本要素的竞争力,固定资产投资的投资增加可以提高经济增速,地方政府政绩突出可以提升其晋升优势,在此不再过多赘述,我们着重分析地方政府的财政收益。

第一,增值税作为中央和地方共享税,75%归中央,25%归地方所有。2002年企业所得税改革,由地方税改为共享税,中央与地方之间的分享比例为60∶40,增值税和企业所得税均由国税局负责征收。增值税是流转税,它的税基就是地方政府辖区内的固定资产投资和加工工业,因而与辖区GDP增速有着密切的关系,而且中央与地方政府对增值税的税基基本可以做到信息对称,增值税由国税局征收也限制着地方政府可利用其进行税收竞争的空间自由度。在2009年增值税转型前,我国一直实行的是生产型增值税制度,不允许企业抵

扣外购固定资产中所含的进项增值税，所以地方政府分享的增值税与辖区固定资产投资之间的正相关关系被强化。企业所得税在实行分享制改革后，地方政府利用所得税提供税收优惠，进行税收竞争的激烈程度被有效控制，辖区内工业企业利润的增长可以给辖区带来持久稳定的企业所得税。

第二，地方政府辖区内制造业的快速发展可以带动交通运输业、建筑业等生产性服务业的高速发展，即制造业的发展具有显著正外部性，而且辖区内制造业、交通运输业、建筑业的发展需要大量的劳动力，辖区外的劳动力开始大量流入，这又会派生出对城市住房和商业地产项目的需求，而交通运输业、建筑业、住宅房地产与商业房地产作为地方税——营业税的税基，它们可以为地方政府带来大量的营业税，且这些行业的流动性较差，地方政府有充分激励提高营业税的征税努力，实际上地方政府通过经营土地来实现引资生税。

第三，地方政府通过低价协议出让方式吸引工业企业到本辖区落户投资，但是对于因制造业快速发展而联动发展的城市住房、商业房地产等服务业所需的用地，地方政府可以通过"招拍挂"的方式高价转让，且地方政府作为土地垄断供给者的身份会显著增强其谈判能力，地方政府通过高价转让房地产业用地转嫁"土地引资生税"的成本。

第四，城镇土地使用税、耕地占用税、契税、土地增值税等与土地相关税收。

第五，制造业发展的经济效益会溢出到服务业，产业结构会得到优化。郭庆旺和吕冰洋（2004）以第三产业产值与第二产业产值比作为产业结构优化的度量指标，发现产业结构优化有利于税收总收入的增长；曹广忠等（2007）指出产业结构优化的原因是地方政府在政绩考核压力下，利用土地市场垄断供给地位低价协议出让土地，通过大力的招商引资来发展能够带来更多税收的制造业、建筑业、房地产业等高税行业，高税行业的迅速发展实现地方财政收入超GDP增

第4章 地方政府竞争、财政压力与地方财政收入预决算偏离

长;陶然等(2009)进一步指出制造业发展具有强烈的溢出效应,服务业因其而受惠,可使地方政府获得营业税和土地出让收入;方红生和张军(2013)使用非农化变量度量高税行业间溢出效应,证实了产业结构优化是税收超 GDP 增长主要渠道。

2003~2007 年全国土地不同土地出让方式的面积、收入构成如表 4-1 所示。

表 4-1 2003~2007 年全国土地不同土地出让方式的面积、收入构成

年份	土地出让面积比重				出让收入比重			
	协议	招标	拍卖	挂牌	协议	招标	拍卖	挂牌
2003	0.72	0.03	0.05	0.19	0.43	0.12	0.16	0.29
2004	0.71	0.02	0.05	0.21	0.45	0.08	0.15	0.33
2005	0.65	0.03	0.06	0.26	0.29	0.08	0.16	0.48
2006	0.69	0.01	0.05	0.24	0.28	0.04	0.16	0.52
2007	0.5	0.01	0.06	0.43	0.18	0.04	0.21	0.58
2008	0.16	0.02	0.06	0.76	0.07	0.05	0.13	0.74

资料来源:《中国国土资源年鉴》(2004~2009 年)。

以上我们讨论了财政竞争、财政压力与财政收入高速增长之间的关系,财政超收作为税收超 GDP 的部分成果与此有着不可分割的密切关系,财政超收多寡与地方征税态度、高税行业发展有着直接关系。但到目前为止,本书实际上更多的是在讨论预决算偏离的分子——财政决算,而另一翼——财政预算也就凸显预决算偏离与税收超 GDP 增长之间的不同之处。

财政超收资金对于地方政府而言,首先意味着地方政府预算自由裁量权的扩大,这在成熟市场经济国家也是普遍存在的,但是财政超收在中国地方政府预算管理实际国情中折射出更复杂的现实。我国地方预算管理中预算软约束问题比较突出,而且《预算法》及其实施细则中关于财政超收、预算调整规定存在着制度性漏洞,财政超收资金的使用极易脱离人大的监督(马岭,2010),地方政府对于财政超

收的自由裁量权，相对于年初经人大审查、批准的预算而言，财政超收的自由裁量权更大，财政超收资金的使用一般由财政部门提出支出计划，报请政府部门批准，同时向本级立法机关通报或者备案，立法机关通过预算发挥监督职能，实现控制政府部门财政支出规模的"以财控政"政策目的并未达到，苑德宇（2014）指出地方政府为了在政治晋升中取得优势，倾向于将税收超收尽可能多或早地用于投资。地方政府在政治晋升的激励下会将财政超收资金倾向于将每年的财政超收转化为财政超支，高培勇（2008）认为财政超收与财政超支之间存在着一列"直通车"，财政预决算偏离且有愈演愈烈之势。

因此，当地方政府在财政压力下发展高税行业带来的增值税、企业所得税、营业税、契税、土地增值税等税收的增长好于年初财政收入预算的预期，或者在预算年度内提高税收征管部门的税收计划，加强税收计划完成情况的绩效考核力度，地方政府可能调整、追加年初财政收入预算，当我们加入地方预算管理这一因素后，财政压力与地方财政预决算偏离之间可能呈现负相关关系。

考虑到地方政府在财政压力之下会积极汲取财源，财政压力与财政收入之间正相关关系可能更容易被接受，而财政压力与预决算偏离之间的负相关关系更多的是由于地方政府在预算年度内调整、追加年初预算而造成，因而出于稳健性考虑，我们在考虑预算年度内存在的财政收支差异压力的同时，我们又使用不涉及地方年度预算管理，即仅考虑财政决算支出的财政支出增长压力作为辅助，以验证我们关于预决算偏离与财政收支差异压力之间的负相关关系的研究假设。

基于我们以上所进行的理论分析，我们提出本章的三个研究假说：

研究假说 H4-1：地方政府在财政激励与政治晋升激励下会致力于推动辖区 GDP 的高速增长，其中流动性较强的资本要素是实现辖区经济高速增长的最为稀缺资源，地方政府为吸引资本要素到本辖区落户投资会提供各种税收优惠,建设良好的基础设施,我们认为地方政府之间的财政竞争与地方与决算偏离之间可能是负相关关系。

研究假说 H4-2:地方政府为吸引资本要素所展开的财政竞争会对地方财政造成巨大财政压力,地方政府在财政压力下会利用其辖区土地垄断供给者的身份对不同土地使用者实行差异化定价策略,地方政府利用土地积极招商引资发展高税行业,并加强营业税税收努力,在行政主导型预算管理体制下,当预算执行过程中税收征收好于年初预算情况下,地方政府会调整、追加年初的收入预算,所以预算年度内的财政收支差异压力与地方财政收入预决算偏离之间可能是负相关关系。

研究假说 H4-3:HT预算年度之内财政收支差异压力与地方财政收入预决算偏离之间的负相关关系,主要是因为地方政府在税收征收良好情况下调整年初的收入预算所造成,不同预算年度之间财政决算支出的增长压力不涉及预算执行过程中的收入预算调整,我们认为财政支出增长压力与地方财政收入预决算偏离之间是正相关关系。

4.3 实证模型与数据来源

4.3.1 实证模型

为了验证前面所提出研究假说的合理性,本节我们将运用中国在经济转型期(1997~2012年)省级面板数据进行实证分析,影响地方财政收入预决算偏离的因素不仅仅是前面所讨论的地方政府竞争、财政收支压力与财政支出增长压力,而且还包括其他许多会影响财政收入的因素。所以本章在将地方政府竞争、财政压力设置为核心解释的同时,借鉴税收超GDP增长的研究成果,将影响税收高速增长的因素作为控制变量加入模型。

考虑到中国地方政府财政行为决策具有比较明显的增量预算特征，再加上地方财政收入预算编制方法实行的是基数法，也就是说，当年度地方财政收入预算是以上年度地方财政决算为基础进行预测、调整，并考虑本预算年度内特殊因素后编制而成，当期预决算偏离程度极易受到前期预决算偏离程度的影响，地方财政收入预决算偏离所存在路径依赖的可能性要求我们在实证模型中需要考虑相应的动态变化，本章构造如下动态面板数据模型：

$$RFE_{it} = a_0 RFE_{it-1} + a_1 Profdi + a_2 Fispressure1_{it} + \beta X_{it} + u_i + u_t + \varepsilon_{it} \tag{4.1}$$

$$RFE_{it} = a_0 RFE_{it-1} + a_1 Profdi + a_2 Gropressure_{it} + \beta X_{it} + u_i + u_t + \varepsilon_{it} \tag{4.2}$$

其中，RFE_{it} 是第 i 个省区市在 t 年度的预决算偏离度，借鉴 Goeminne 等（2008）的做法和高培勇（2008）所给出的预决算偏离度的简单定义，我们用该省级政府在 t 年度的财政决算收入除以财政预算收入，即 $Accounts_{it}/Budget_{it}$ 来表示，需要强调的是 $Budget_{it}$ 并非是年初经各级人大审议通过的预算，而是在年度预算执行过程中地方政府调整、追加后的财政收入预算。

地方政府竞争（profdi），在"中国式分权"治理模式下，地方官员围绕着稀缺的政治晋升资源展开了激烈的竞争，地方官员为了吸引有价值经济资源的流入推进辖区 GDP 的高速增长，增强自身在政治"晋升锦标赛"的竞争优势，会竞相对流动性较强的资本要素提供各种税收优惠，降低以 FDI 为代表的生产性资本要素的实际税负，并提供良好的基础设施以提高政府部门的工作效率。地方政府为吸引 FDI 流入而展开"蒂伯特式"竞争的主要财政政策工具是税收竞争和财政支出。傅勇和张晏（2007）通过构造各地区外资企业的相对实际税率作为地方政府竞争激烈程度的代理变量，但由于不能直接得到各省区市实际税率的数据，此方法需要较为复杂的运算，且他们在计算方法中没有考虑出口退税、延长税收减免优惠期等因素对相对实际

第4章 地方政府竞争、财政压力与地方财政收入预决算偏离

税率的影响。同时，基于本章的另一核心解释变量财政压力与地方政府财政支出竞争有着较为密切的关系，本章选用郑磊（2008）的做法，用各地方政府吸引的 FDI 占全国当年吸引的 FDI 总额的比重作为地方政府竞争的代理变量。

财政压力（Fispressure1；Gropressure），1994 年分税制改革侧重于提高"两个比重"，政府间税收分享比例呈现出向上集权的趋势，而且中央政府对地方预算外财政收入的持续性规范化也降低了地方财政自给能力。地方政府为推动辖区经济高速增长又必须"招商引资"，地方政府间激烈的税收竞争已经迫使其为吸引 FDI 的流入在资本要素的实际税率上选择进行"扑向底部的竞争"，为改善辖区投资环境，地方政府必须努力发展辖区基础设施建设。政府间财政收入分配关系的集权化趋势、地方政府间横向税收竞争与财政支出竞争共同造成了地方财政收支不均衡状态，财政收入最大化驱动着地方政府发展经济、加强税收征管。

根据现有研究成果，地方政府财政压力主要有预算年度内的财政收支不对称造成的财政收支差异压力（Fispressure1）与跨越预算年度的财政支出增长压力（Gropressure）两个方面，其中财政支出增长压力仅与财政决算有关，并不涉及地方政府年度预算管理，我们认为财政支出增长压力会激励地方政府追求财政超收；预算年度内的财政收支差异压力因与地方预算管理软约束密切相关，使此类型财政压力与预决算偏离之间的关系稍显复杂。直观而言，地方财政在财政收支差异压力下会努力发展经济以夯实税基，并加强税收征管积极汲取财源，财政收支差异压力与预决算偏离之间是正向关系。如果我们只考虑财政决算，此逻辑推理是合理的，但本章研究对象的分母是财政预算，地方政府在预算年度内面临的财政压力可能激励其调整、追加年初财政收入预算，在税收征管中就表现为提高年初税收计划数与加强对税务部门税收计划完成情况的绩效考核压力，所以财政收支差异压力与地方财政收入预决算偏离之间可能是负相关关系。综上所述，关

于财政收支差异压力指标，我们借鉴张璟和沈坤荣（2008）的做法，使用地方本级当年财政决算支出与地方本级当年财政决算收入的比值作为财政收支差异压力的代理变量；财政支出增长压力则用地方本级当年财政支出决算与上年度地方本级财政支出决算的比值作为财政支出增长压力的衡量指标。主要变量描述性统计如表4-2所示。

表4-2　　　　　　　主要变量描述性统计

变量名	观测值	均值	标准差	中位数	最小值	最大值
RFE	480	108.377	6.485	106.9	94.99	142.46
Fispressure1	480	113.701	86.673	108.133	5.168	574.469
Fispressure2	480	-0.897	11.273	-0.889	-58.228	104.773
Gropressure	480	120.893	8.298	120.442	92.328	167.63
Profdi	480	4.848	6.446	2.028	0.011	32.009
Perfdi	480	611.382	824.472	245.815	5.58	5261.936
Overgdp	480	1.668	1.872	1.6	-3.869	8.8
Pnonagri	480	93.957	40.042	86.483	49.301	336.755
Urban	480	43.665	15.261	42.104	17.183	89.8
Open	480	31.145	39.779	12.124	0.086	172.221
Fiscalfed	480	49.56	17.015	45.451	10.952	84.705
Rgdp	480	9.456	0.735	9.434	7.703	11.199
Unemp	480	3.557	0.777	3.635	0.62	6.8
Inflation	480	-0.332	3.251	0.297	-10.112	13.151

模型中的X是现有文献中经常提到会影响财政收入的控制变量集，包括超计划GDP增长情况（Overgdp），收入预算编制依据是GDP计划增长率，地方官员政绩考核的核心指标是GDP实际增长率，理性的地方官员有动机策略性地利用两种GDP增长率，GDP超计划增长为地方政府追求财政超收奠定经济基础；产业结构变化（Pnonagri），产业结构优化有利于税收超GDP增长已经为多位学者所证实（郭庆旺和吕冰洋，2004；曹广忠等，2007），本章借鉴郭庆旺和吕

冰洋（2004）的做法，使用第三产业产值与第二产业产值之比作为产业结构优化的代理变量；城镇化（Urban）遵循中国经济增长前沿课题组（2012）的做法，用城镇人口占辖区总人口的比重表示城镇化率；开放度（Open）我们遵循现有文献的通常做法，使用地区进出口贸易总额占GDP的比重作为经济开放程度的代理变量；地方财政收入自给率（Fiscalfed）我们借鉴王佳杰等（2014）的做法，使用人均实际本级财政收入/（人均实际本级财政收入 + 人均中央转移支付）的比例作为地方财政收入自给率的代理变量；经济发展水平（Rgdp）以1997年各省区市人均GDP为基期，用各省区市历年CPI进行换算，得到实际人均GDP并取对数；失业率（Unemp）遵循杨灿明和孙群力（2010）的做法，使用城镇登记失业率作为失业率的衡量指标；通货膨胀（Inflation）用CPI的增长率来表示。

4.3.2 数据来源

考虑到数据可得性、模型变量的标准统一性，本章用30个省区市（西藏除外）1997~2012年共16年的省级平衡面板数据实证分析地方政府竞争和财政压力对预决算偏离的影响。

关于预决算偏离度，根据我们的计算公式，要计算出地方政府在2000~2012年预决算偏离度，我们需要知道地方政府每年年初召开人民代表大会时所审议通过的财政预算报告，以及当年度的财政决算。但是完整收集480份预决算报告现实中面临着的较多困难，本章所使用的财政预决算数据来自《中国财政年鉴》（1998~2013年），需要说明的是，第一，《中国财政年鉴》中的财政预算数据是预算执行中调整后的数据，并非年初经本级人大审议通过的预算，即地方政府在预算执行过程中根据财政收入征收入库进度调整了年初的财政预算；第二，中国有大连、青岛、宁波、厦门、深圳5个计划单列市，计划单列市的财政预决算数据并没有包含在相应的省级数据中，在计算预决算偏离度时需要将它们加入。

关于计算地方政府竞争所需的 FDI 数据来自《中国统计年鉴》（1998～2013 年）；计算财政压力所需的地方财政支出决算数据和地方财政收入决算数据来自《中国财政年鉴》（1998～2013 年），计划单列市的财政数据需要加到相应的省级数据中；GDP 计划增长率数据来自地方政府政府工作报告、国民经济和社会发展计划报告，GDP 实际增长率数据来自《中国统计年鉴》；其余控制变量的原始数据来自《中国统计年鉴》（1998～2013 年）、新中国 60 年统计资料汇编、新中国 55 年统计资料汇编、各省统计年鉴和中经网。

4.4 实证结果分析

就估计方法而言，我们首先使用固定效应方法进行基准回归，然后使用预决算偏离度的滞后一期 RFE_{it-1} 作为工具变量构建动态面板数据模型，总体回归结果见表 4-3。动态面板数据模型有差分 GMM（DIF-GMM）和系统 GMM（SYS-GMM）两种方法可供选择，由于系统 GMM 同时考虑了差分方法和水平方程，它能更好地处理动态面板数据模型所存在的内生性问题，也具有更好的有限样本性质。由于两步估计法（two-step）的估计结果更为稳健，本章使用 Roodman（2009）开发的"xtabond2"程序进行两步系统 GMM 估计；鉴于我们使用的数据为小样本数据类型，为了更好地控制工具变量个数从而规避工具变量过多所引起的估计偏差问题，我们在计量模型中添加了 Lag 和 Collapse 选项；由于我国各省区市之间的经济发展存在着差异，为避免截面单位异方差所带来的估计不一致问题，我们在估计中使用 robust 选项来控制组间异方差问题；根据模型第 2、第 4、第 6 列中 AR（1）检验和 AR（2）经验，我们可知，模型误差项序列拒绝不存在一阶序列相关的原假设，不拒绝模型误差项不存在二阶序列相关

第4章 地方政府竞争、财政压力与地方财政收入预决算偏离

的原假设,说明我们选用动态面板模型是合理的,从 Hasen 过度识别检验结果来看,我们选取的工具变量是合适的,模型不存在过度识别问题。

表4-3中第1、第3、第5列是使用固定效应方法的估计结果,第2、第4、第6列是使用 SYS-GMM 估计方法的结果,我们可以看出估计方法的不同并没有对我们关心的核心解释变量(地方政府竞争、财政压力)的符号造成影响,且与我们的研究假说保持一致;就显著性而言,在 SYS-GMM 估计方法的回归结果,地方政府竞争和财政压力的显著性总体而言有所提升;就回归系数而言,在两种回归方法中,地方政府竞争和财政压力的回归系数基本保持稳定,没有发生明显的波动。

地方政府竞争(profdi)与预决算偏离之间为负相关关系,与我们研究假说 H4-1 的符号与其保持一致,在固定效应估计方法中在5%显著性下显著,在 SYS-GMM 估计方法中通过了1%显著性水平的统计检验,这说明地方政府为竞争流动性资本要素进入本辖区落户投资会提供各种税收优惠,通过降低资本要素的宏观税负这种经济激励的方式吸引内资、民营,尤其是外商直接投资(FDI)。贾俊雪(2014)研究发现,备受争议的税收优惠政策在激励外商直接投资方面有着显著的作用,外商投资企业所承担的有效平均税率每降低1%,外商投资企业的进入率就会提高3.97%,并指出,降低民营、内资与外资企业的有效平均税率对激励企业进入有着显著影响。地方政府间税收竞争的直接后果是辖区内宏观税负水平整体上倾向于降低,财政收入会减少,由于在我国地方财政收入预决算偏离之中主要表现为地方财政超收,这也就意味着,辖区间税收竞争与地方财政收入预决算偏离(财政超收)之间是负相关关系,地方政府竞争激烈程度每提升1%,财政超收就会降低0.33个百分点。由于各地区经济发展水平差异,辖区间财政竞争策略开始出现差异化,财政支出竞争开始显现其重要性,并与税收竞争一起推动辖区的经济增长(李

涛、周业安，2009；李涛等，2011；郭杰、李涛，2009），辖区经济的高速增长为地方政府汲取财力提供了税源。但是由于我国政府间财政收入分配关系的不稳定性，地方政府存在根据财力丰沛程度来灵活调节"征税努力"的现象，地方政府这种顺周期的征税态度并不利于税收收入的增长（沈坤荣、付文林，2006），所以辖区间税收竞争与地方政府征税态度的灵活性共同造成了地方政府竞争与地方财政收入预决算偏离之间的负相关关系。

我们将财政压力分为预算年度之内的财政收支差异压力（Fispressure1），跨越预算年度的财政支出增长压力（Gropressure），两种财政压力指标的回归结果见表4－3中的第1、第2、第5、第6列四列。财政收支差异压力与地方财政收入预决算偏离之间的负相关关系在固定效应和SYS－GMM两种估计方法中均成立，且通过5%显著性水平的统计检验，说明我们的研究假说H4－2具有一定的合理性。地方政府在税收集权与横向财政竞争所造成的财政压力之下，会利用其土地垄断供给者的身份，低价甚至零地价的供给工业用地以吸引制造业企业到本辖区落户投资，由于制造业的发展会带来交通运输业、建筑业、房地产业等高税行业的发展，从而为辖区带来持久稳定的增值税、企业所得税、营业税、契税等税收收益，以及通过"招、拍、挂"等形式高价供给的住房、商业房地产项目用地所带来土地出让金。地方政府在财政压力下发展高税行业，提高税收征管效率实现了税收超GDP增长（方红生、张军，2013），当税收增长好于年初预算而出现财政超收时，地方政府有激励调整、追加年初收入预算与追求超支，所以预算年度之内的财政收支差异压力与地方财政收入预决算偏离之间是负向关系。

就直觉而言，财政压力与财政超收之间的负相关性不易接受，我们关于两者之间负相关关系的推论基于地方预算管理预算软约束，预算年度内的财政收支差异压力会影响到地方政府的预算执行行为。不同预算年度内的财政支出增长压力影响的是下一年度预算编制行为或

第4章 地方政府竞争、财政压力与地方财政收入预决算偏离

者下年度预算执行行为，不会对本年度预算执行行为产生影响，也就是说，财政支出增长压力不会涉及本年度内预算管理与收入预算的调整，我们预期两者之间为正向关系，从第5、第6列两列可知地方政府在财政支出增长压力之下会追求财政超收，两者间的正向关系在1%、5%的显著性水平下显著，财政支出增长压力每提高1%，预决算偏离就会增加0.15%，这不仅证实了本章研究假说H4-3的合理性，同时也从侧面为我们关于财政收支差异压力与预决算偏离之间的负相关性提供了证据支持。

表4-3 地方政府竞争、财政压力与地方财政收入预决算偏离度的回归结果

解释变量	1	2	3	4	5	6
	FE OLS	SYS GMM	FE OLS	SYS GMM	FE OLS	SYS GMM
L. RFE		0.2081*** (2.9092)		0.2430*** (3.5740)		0.1843*** (2.9023)
Profdi	-0.3220** (-2.1482)	-0.3329*** (-2.5902)	-0.3407** (-2.2208)	-0.3447*** (-2.9404)	-0.3419** (-2.2779)	-0.2822*** (-2.7375)
Fispressure1	-0.0202** (-2.2719)	-0.0138** (-2.1434)				
Fispressure2			-0.0328** (-2.0647)	-0.0605*** (-2.7219)		
Gropressure					0.1524*** (2.7569)	0.1564** (2.4800)
Overgdp	0.8663*** (3.6892)	0.5620** (2.5243)	0.8768*** (3.7658)	0.6174** (2.4009)	0.7831*** (3.3666)	0.5709** (2.3296)
Pnonagri	-0.0525*** (-3.0085)	-0.0479* (-1.8127)	-0.0556*** (-3.1018)	-0.0617*** (-4.0088)	-0.0446*** (-2.8112)	-0.0326** (-1.9722)
Urban	-0.0010 (-0.0252)	-0.0047 (-0.0793)	0.0022 (0.0599)	0.1151*** (3.9219)	0.0062 (0.1744)	0.0995*** (2.7838)
Open	-0.0627** (-2.3710)	0.0252 (0.9398)	-0.0665** (-2.4575)	0.0409 (1.0393)	-0.0731** (-2.5850)	-0.0033 (-0.1536)

续表

解释变量	1 FE OLS	2 SYS GMM	3 FE OLS	4 SYS GMM	5 FE OLS	6 SYS GMM
Fiscalfed	0.0265 (0.4149)	-0.0583 (-0.7111)	0.1021 (1.4341)	0.0856 (1.3337)	0.1286 + (1.6369)	0.0549 (0.9401)
Rgdp	2.0508 + (1.6426)	0.9159 (1.0202)	2.3580 + (1.6635)	-4.5687 (-1.2543)	2.3669 (1.4724)	-0.3519 (-0.2854)
Unemp	1.2614 ** (2.3896)	-0.3760 (-0.6195)	1.2611 ** (2.4932)	0.5168 (0.3578)	1.2223 ** (2.3739)	1.0228 (0.8339)
Inflation	-0.0785 (-0.9799)	-0.1175 (-1.0153)	-0.1039 (-1.2135)	-0.1448 (-1.0948)	-0.0642 (-0.8084)	-0.0930 (-0.7458)
Cons	90.7155 *** (8.0957)	84.1232 *** (8.9823)	82.5182 *** (6.6309)	113.4692 *** (3.9134)	62.9787 *** (4.0763)	63.0855 *** (4.6800)
N	480	450	480	450	480	450
F	75.3534		60.9634		29.1148	
r2_w	0.4445		0.4432		0.4641	
AR (1)		0.0000		0.0000		0.0000
AR (2)		0.1808		0.1523		0.1802
Hansen test		0.7007		0.6563		0.7553

注：①+、*、**、*** 分别代表在 15%、10%、5%、1% 的显著性水平；②SYS - GMM 估计系数括号内是 Z 检验值；FE 估计系数括号内是异方差稳健（robust）系数估计值的 T 统计量；③Hansen 检验和差分序列相关性检验 AR（1）、AR（2）报告的均为统计量的 P 值；④FE 与 SYS - GMM 两种回归结果均已控制了年份虚拟变量；⑤FE 模型为异方差稳健的双向固定效应回归。

地方政府预算内财政收入与支出按照《预算法》的规定必须做到年度预算平衡，但是观察各省区市 1997~2012 年的地方本级预算支出与地方本级预算收入，可以发现，地方本级预算支出是大于地方本级预算收入，其中原因在于地方政府制定财政支出预算之时将中央政府的转移支付收入（包含税收返还）考虑在其中，由于地方政府对自有财源与中央转移支付收入的公共支出偏好存在差异，中央转移支付可能会对地方政府税收征管效率产生"粘蝇纸效应"（李建军、

第4章 地方政府竞争、财政压力与地方财政收入预决算偏离

肖育才，2012），即中央转移支付的增加会降低地方政府税收征管效率。乔宝云等（2006）研究发现，我国现行的转移支付制度和税收返还制度总体上对地方政府财政努力产生了负激励，地方政府随着转移支付的增加降低了财政努力程度，同时也不排除地方政府潜在的利用财政困难要求中央增加转移支付的动机。分税制改革是中央与地方妥协的产物，在保留地方既得利益的同时，财政包干制时期的地方上解也得到了保留。综上所述，我们认为在预算年度之内地方财政收支差异压力中有必要考虑转移支付和地方上解对财政压力的影响，具体而言，在计算 Fispressure1 指标的分子中减去中央转移支付收入，再加上地方上解支出，也就是说，我们使用地方实际财政收支差异压力（Fispressure2），以进一步验证关于财政收入差异压力与地方财政收入与决算偏离之间的负相关关系，从第3、第4列的回归结果可知，地方财政收支差异压力和地方财政收入与决算偏离之间仍旧是负相关关系，且分别通过了5%、1%显著性水平的统计检验，这说明地方政府在年度预算执行过程中会在财政收入征收好于年初收入预算预期的情况，通过调整、追加财政收入预算，以追求财政超支，本章的研究结论为高培勇（2006）关于财政超收与超支之间的"直通车"提供了实证证据支撑。

对于控制变量，超计划 GDP 增长（Overgdp）与预决算偏离之间是正相关关系，且通过1%、5%显著性水平的统计检验，可能原因在于，地方财政收入预算编制的依据 GDP 计划增长率，而地方财政收入决算与辖区 GDP 实际增长率密切相关，而且 GDP 实际增长率是官员政绩考核的核心指标，所以政治晋升激励地方官员在收入预算的编制阶段"留有余地"，GDP 的超计划增长为地方官员追求财政超收奠定了经济基础；产业结构优化（Pnonagri）与预决算偏离之间是负相关关系，且通过1%、5%显著性水平的统计检验，产业结构优化会减少财政收入，这在直观上不易接受，我们认为实际是由于地方政府发展高税行业、提高税收征管效率、带来财政超收之时，地方政府

会调整、追加年初收入预算，因此两者之间是负向关系，同时这也为我们关于财政收支差异压力与预决算偏离之间的负相关关系的理论预期提供了实证证据支持；城市化（Urban）与预决算偏离之间是正相关，且在1%显著性水平下显著，地方政府在吸引流动性资本要素到辖区内投资会带动房地产业、交通运输业与商业房产业的发展，这些行业作为营业税的税基且流动性较差，地方政府有充分激励将其充分征收，两者之间的正相关关系也为吕冰洋和郭庆旺（2011）关于城市化是税收超GDP增长的动力源之一提供了实证证据；开放度（Open）与预决算偏离之间是负相关，在固定效应回归中在5%显著性水平下显著，可能原因在于，我国对外贸易的主体是外商投资企业，地方政府为了吸引对外直接投资所进行的税收竞争不利于税收增长；失业率（Unemp）与预决算偏离之间是正相关，在固定效应回归中能够通过5%显著性水平的统计检验，可能原因在于，地方政府在经济形势恶化时，在预测财政收入时留有余地的保守性心理有关；其余控制变量与现有研究基本一致，而且也不显著，不再一一论述。

4.5 稳健性检验

在模型的基本回归结果中，我们主要侧重财政压力与地方财政收入预决算偏离之间的关系进行讨论，本节我们将对地方政府竞争进行稳健性讨论。张军等（2007）使用各地区人均实际利用外商直接投资（perfdi）作为衡量地方政府竞争激烈程度的代理变量，我们采用他们的做法，使用固定效应与SYS-GMM方法再次进行估计，回归结果见表4-4。地方政府竞争与预决算偏离之间的负相关关系仍旧成立，且通过5%、10%的显著性水平的统计检验，财政收支差异压力（Fispressure1）、地方实际财政收支差异压力（Fispressure2）、财政支出增长压力（Gropressure）与预决算偏离之间的相关性与我们的

第4章 地方政府竞争、财政压力与地方财政收入预决算偏离

三个研究假说预期全部保持一致，且通过1%、5%、10%显著性水平的统计检验，总体而言，模型的回归结果基本保持稳定，说明本章的研究结果的可靠的。

表4-4　　　　　　　　稳健性检验回归结果

解释变量	1	2	3	4	5	6
	FE OLS	SYSGMM	FE OLS	SYSGMM	FE OLS	SYSGMM
L. RFE		0.2138***		0.2278***		0.1981***
		(3.1016)		(3.0729)		(2.9468)
Perfdi	-0.0022**	-0.0012*	-0.0025**	-0.0013*	-0.0028**	-0.0013*
	(-2.2441)	(-1.7611)	(-2.4197)	(-1.7010)	(-2.6881)	(-1.8551)
Fispressure1	-0.0187**	-0.0128*				
	(-2.1565)	(-1.9589)				
Fispressure2			-0.0330**	-0.0416**		
			(-2.0797)	(-2.2894)		
Gropressure					0.1647***	0.1578***
					(2.7899)	(2.8545)
Overgdp	0.8629***	0.6085**	0.8758***	0.6161**	0.7838***	0.5378**
	(3.7240)	(2.5720)	(3.7954)	(2.5183)	(3.3975)	(2.3114)
Pnonagri	-0.0517***	-0.0093	-0.0550***	-0.0165	-0.0439***	-0.0156
	(-2.8554)	(-0.6985)	(-2.9281)	(-1.2021)	(-2.6805)	(-1.3072)
Urban	-0.0075	0.0978***	-0.0052	0.1065***	-0.0008	0.1052***
	(-0.1998)	(3.5049)	(-0.1465)	(3.9282)	(-0.0231)	(3.4079)
Open	-0.0780**	-0.0088	-0.0823**	-0.0095	-0.0902**	-0.0218
	(-2.3136)	(-0.4723)	(-2.4073)	(-0.4773)	(-2.6095)	(-1.3448)
Fiscalfed	0.0619	-0.0893+	0.1375+	-0.0107	0.1776*	0.0128
	(0.8167)	(-1.4867)	(1.6688)	(-0.2251)	(1.9341)	(0.2984)
Rgdp	2.0439*	1.1352	2.3345*	0.7564	2.3742*	0.8968
	(1.9557)	(1.2748)	(2.0056)	(0.6645)	(1.8151)	(0.9918)
Unemp	1.3647**	1.2575	1.3647**	1.2442	1.3113**	0.9398
	(2.5745)	(0.8845)	(2.6633)	(0.9236)	(2.5339)	(0.8017)

续表

解释变量	1	2	3	4	5	6
	FE OLS	SYSGMM	FE OLS	SYSGMM	FE OLS	SYSGMM
Inflation	-0.0593 (-0.7233)	0.2591 (1.4125)	-0.0838 (-0.9625)	-0.1330 (-0.9654)	-0.0433 (-0.5161)	0.2493 (0.9793)
Cons	88.7429*** (8.8689)	72.5295*** (5.4688)	80.8991*** (7.4025)	68.0928*** (5.5525)	59.1295*** (4.0329)	52.5957*** (3.9796)
N	480	450	480	450	480	450
F	208.0383		96.2546		41.0385	
r2_w	0.4411		0.4405		0.4647	
AR (1)		0.0000		0.0000		0.0000
AR (2)		0.1577		0.1235		0.1764
Hansen test		0.7045		0.9494		0.9859

注：①+、*、**、*** 分别代表在15%、10%、5%、1%的显著性水平；②SYS-GMM 估计系数括号内是Z检验值；FE估计系数括号内是异方差稳健（robust）系数估计值的T统计量；③Hansen检验和差分序列相关性检验AR (1)、AR (2) 报告的均为统计量的P值；④FE与SYS-GMM两种回归结果均已控制了年份虚拟变量；⑤FE模型为异方差稳健的双向固定效应回归。

4.6 小　　结

自改革开放40年来，中国经济以年均约10%的速度高速增长，但当前中国经济增长的速度、方式、动力以及结构正在发生着深刻的阶段性演化，随着国内人口红利的消失，劳动力成本开始上升，出口市场受国际金融危机的影响迟迟难以恢复，传统制造业产能严重过剩，生态环境条件日渐紧张，随着这些赖以维系经济增长传统优势的流失，经济增长的潜在增长率出现下降，中国经济将进入以中高速增长的新常态。经济增速的下降直接影响的是财政收入增速的持续下滑，这就与财政支出刚性压力之间的矛盾将逐渐尖锐化，

第4章 地方政府竞争、财政压力与地方财政收入预决算偏离

传统年度预算控制方式已经难以再适应经济发展新常态形势中预算管理现代化的需要。中期财政规划是现代预算制度的重要组成部分，它能够通过预算编制的滚动式更新强化对年度预算的约束力，地方政府必须根据财政收入预测决定财政支出的规模和结构，有利于缓解财政压力，但中期财政规划的成功实施依赖于准确的财政收入预测。国内部分学者已经注意到我国预算管理中因为收入预测不准确所造成的预决算偏离度过大的问题，他们多从预算制度、政绩考核制度等宏观性视角出发进行理论性阐述，缺乏实证证据的支撑，本章从微观性的地方政府竞争出发进行实证研究，主要研究结论如下：

第一，自改革开放以来，财政收入最大化和政治晋升概率最大化激励着地方官员致力于辖区GDP的高速增长，其中流动性较强的资本要素是最为稀缺的经济资源，地方政府为吸引生产性的资本要素到本辖区投资，倾向于提供各种税收优惠以降低资本的实际税负，并建设良好的基础设施，地方政府间白热化的税价竞争严重限制着地方政府的财政汲取能力，我们发现地方政府竞争与预决算偏离度之间是负相关，在固定效应、SYS-GMM两种估计方法中都能够通过5%、1%显著性水平的统计检验。

第二，地方政府间的税收竞争和财政支出竞争对地方财政造成沉重财政压力，地方政府在财政压力之下倾向于利用其土地垄断供给者的身份，通过协议转让的低价方式提供工业用地，以"招、拍、挂"的方式高价转让房地产业、商业用地，制造业的发展具有强大的溢出效应，联动着交通运输业、建筑业、住房房地产、商业房地产等行业的发展，地方政府在高税行业的发展可以得到增值税、企业所得税、营业税、契税等税收收益，以及土地出让金，由于财政收入的增长好于年初预算，地方政府会调整、追加年初收入预算以追求财政超支，我们发现年度预算内的财政收支差异压力与预决算偏离之间是负相关关系。

第三，预算年度内的财政收支差异压力与预决算偏离之间的负相关关系，主要是基于地方政府在预算执行过程中会调整年初财政收入预算而得出，从稳健性考虑，我们使用跨越预算年度的财政决算支出的增长压力，来验证我们的推论，结果表明财政支出增长压力与预决算偏离之间是正相关关系。

中国地方财政
收入预决算偏离
问题研究

Chapter 5

第5章 晋升激励、税收任务与地方财政收入预决算偏离

第 5 章 晋升激励、税收任务与地方财政收入预决算偏离

5.1 引　言

我国经济发展将进入以中高速增长为主要特征的"新常态",财政收入增速也将呈现放缓的趋势,为了更好地适应经济发展形势的变化和财政政策宏观调控职能的需要,党的十八届三中全会明确提出建立现代财政制度的改革目标,而现代预算制度是现代财政制度的基础。跨年度预算平衡机制是建立现代预算制度的重要环节,其基本的指导思想是"用丰补歉",准确可靠的收入预测能力是实现跨年度预算平衡的基础性条件。1994 年分税制改革以来地方政府预算编制实践却告诉我们在提高预算编制的精细化、科学化方面仍有巨大的制度红利可供释放。2000～2012 年财政超收与财政收入的比值介于 3.34%～14.14%,仅有 2002 年、2009 年、2012 年低于国际通行的 5% 预决算偏离度的合理范围。[1]

跨年度预算平衡机制建立后,地方财政年度预算平衡状态会被打破,财政赤字可能成为"新常态",2014 年《预算法》修正案已经允许地方政府通过自发自还的方式举借地方债。从国外经验看,地方官员出于竞选连任的政治动机去影响财政收入预测,从而扩大地方政府财政支出自由裁量权,结果是造成政府债务积累。所以如何提高预算编制科学性、预算执行规范性,防范其可能成为地方债务积累的渠道,是我们今后建设现代预算制度中不容忽视的问题。回顾 1994 年分税制改革以来地方政府在预算编制、预算执行的实践历程,并从中找出制约预算编制科学性与预算执行规范性的因素,有助于今后现代预算管理制度的建立。以往学者在研究预决算偏离原因时多注重预算制度漏洞的影响,不足之处在于没有深入探讨地方官员财政行为的决

---

[1] 数据来源:高培勇、张斌、王宁:《中国公共财政建设报告 2013》,社会科学出版社 2013 年版。

策动机,地方官员追求财政超收的控制手段,同时也缺乏定量证据的支持。与前人的研究成果相比,本章有以下几个不同之处:

首先,地方政府之所以在预算编制阶段长期的"留有余地",晋升激励的作用不可忽视,目前地方财政收入预算编制的主要参考指标是GDP计划增长率,它是事前预期指标,地方官员政治晋升的政绩考核指标是实际GDP增长率,理性的地方官员必然会极力推动辖区经济增长,同时出于规避政治风险的考虑适当低估GDP计划增长率,GDP超计划增长为地方政府追求财政超收奠定了经济基础,地方政府预算约束条件不仅因此而软化,同时向上级政府发出其治理与发展能力良好的信号。在国外学者的研究中,地方政府官员为在选举中获胜或预期到支持率较低而不能连任时,有激励去策略性地利用GDP预测,结果使造成财政收入预测失准,政府债务不断增加。

其次,其他学者在分析预决算偏离的原因时,大多强调税收任务这种刚性绩效考核制度在激励税务部门提高税收努力、加强征管,甚至征收过头税来完成年度税收计划的重要性,但遗憾的是多为理论性阐述,本章基于1997~2012年省级平衡面板数据建立随机效应模型,并使用地税局本科以上学历人数作为税收任务的工具变量进行实证分析,为解析税收任务对预决算偏离的影响提供定量证据支持。

本章余下部分结构安排如下:第二部分是文献梳理,并在此基础上提出研究假说;第三部分是介绍实证模型、拟采用估计方法以及数据来源;第四部分是实证结果分析;第五部分是工具变量回归和稳健性检验;第六部分是提出本章的结论与启示。

5.2 理论分析与研究假说

地方财政收入预决算偏离作为相对新颖的概念是由高培勇

第 5 章 晋升激励、税收任务与地方财政收入预决算偏离

(2008) 提出的,高培勇 (2008) 认为预算编制、预算执行与预算监督所存在的体制机制性缺陷是造成预决算偏离度扩大的根源;马岭 (2010) 认为《预算法》只明令禁止短收而没有关于超收的规定以及预算调整规定不尽合理就使财政超收与超支极易规避人大监督;赵海利和彭军 (2013) 建议为了提高地方政府财政收入预算编制的科学性,可以考虑参考借鉴美国州地方政府在收入预测方法、程序等方面积累的成功经验。

分税制改革后,地方财政收入预决算偏离现象就已经存在,地方政府为何长期追求财政超收,有必要探讨地方官员财政行为的决策动机。高培勇 (2008) 指出必须重视预决算偏离的价值判断意义;徐阳光 (2011) 认为收入预测的真正挑战是政治和法律层面而非技术、方法等客观因素。国外学者在研究预决算偏离时更重视政治因素的影响,Paleologou (2005) 分析英国财政收入预测实践时发现选举因素对财政收入预测有显著影响,收入预测在选举前、选举年与选举后有明显不同;Bischoff 和 Gohout (2010) 进一步指出执政党支持率越低,连任可能性越小,就越有可能高估财政收入;Boylan (2008) 研究发现美国州地方政府选举中存在利用高估预算收入提高政府负债能力的现象。

政治激励理论认为,自改革开放以后,中央政府对地方官员选拔和晋升的考核标准由以政治表现为主转变为以经济绩效为主,政绩考核的核心指标是辖区年度 GDP 实际增长率,并且为了减少考核中存在的评估误差,中央政府主要以上届政府和相邻辖区的 GDP 增长情况为参考对象,这就在相邻辖区的地方官员之间形成了基于 GDP 增长的"晋升锦标赛"。赵海利和吴明明 (2014) 认为,由于经济增长与地方官员政治晋升密切相关,地方官员为增长而竞争,实际经济增长率高于预期增长率造成了预决算偏离;苑德宇 (2014) 认为,地方官员在政治晋升激励下会将税收超收尽可能早或多地用于投资,当期税收收入预决算偏离正向显著影响地方政府投资;傅

勇、张晏（2007）发现，由于基本建设性支出与公共服务支出的GDP增速不同，地方政府预算内财政支出存在偏向基本建设性支出的倾向。

政治晋升是地方官员追求财政超收的主观努力因素，地方政府征税态度的积极性必须借助具体的政策工具才能汲取到实实在在的财源，现阶段地方政府在政治晋升激励下追求财政超收的控制手段主要有两个：

一是在财政收入预算编制阶段长期的留有余地，我国地方财政收入预算编制的普遍做法是在本辖区年度 GDP 计划增长率的基础上加几个百分点，但是地方官员政治考核的核心指标是辖区 GDP 实际增长率，而且实际 GDP 增长率的高低决定着财政决算蛋糕的大小。中央政府长期以来年度 GDP 计划指标是在 7% ~ 8%，并为此增长目标的实现施行各种经济政策，地方政府作为辖区成员必然会受到中央经济政策的影响（徐现祥、梁剑雄，2014）；GDP 计划增长率作为地方官员的年度政治承诺，能否实现直接影响地方官员的政治声誉（杨君、王珺，2014），地方官员政绩考核的核心指标是 GDP 实际增长率。理性的地方官员会策略性地低估 GDP 计划增长率，并努力推动辖区实际 GDP 的高速增长，GDP 超计划增长不仅可以向上级政府传递其治理和发展能力良好的信号，同时奠定了财政超收的经济基础。其实策略性地利用 GDP 预期增长率在欧美国家财政收入预测中是更普遍的做法，Robert（2014）指出美国行政和预算管理局（OMB）与国会官员办公室（CBO）在面临压力或激励下，在预测 2 ~ 5 年期限真实 GDP 增长率方面存在偏差，引起了财政收入预测偏差；Satoko 等（2012）指出日本财政部门通过低估 GDP 预期增长率影响政府负债水平。

二是税收任务刚性考核制度，税收任务更多的是中国经济转型期的特殊性因素，高培勇（2008）指出，税务部门日常征收管理受到依法征税和税收计划的约束，但真正对税务部门具有硬约

第5章 晋升激励、税收任务与地方财政收入预决算偏离

束力的是税收计划；马蔡琛（2009）指出，在当前税收管理总体格局中，以完成税收任务为核心的压力型绩效考核制度导致地方政府和税务部门为完成本级税收任务，在分配税收任务时层层加码进一步诱发了财政超收；郑文敏（2006）认为，政府部门对财税收入的盲目追求和税收任务完成情况"一票否决制"等形式的过度考核，使税收计划经济过层层加码后由预测目标演变为必须完成的政治任务；冯海波（2009）认为计划型收入增长机制即使在国际金融危机影响到国内实体经济背景下仍能够保证年度税收收入增长快于经济增长。

晋升激励、税收任务与地方财政收入预决算偏离之间的逻辑关系如图 5-1 所示，基于上述理论分析，我们提出下面两个研究假说：

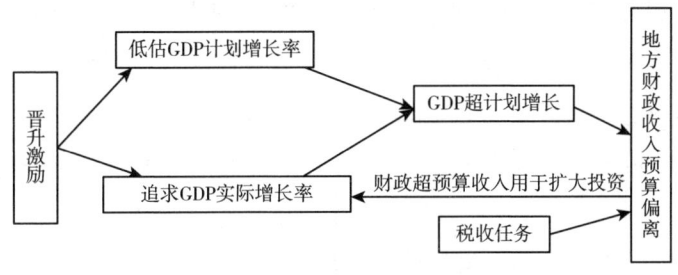

图 5-1 晋升激励、税收任务与预决算偏离的演化路径

研究假说 H5-1：地方财政收入预算编制的主要依据是 GDP 计划增长率，地方政府政绩考核的核心指标是辖区年度实际 GDP 增长率，政治晋升激励着地方官员追求辖区实际 GDP 的高速增长，并策略性地低估 GDP 计划增长率，超计划 GDP 增长为地方政府追求财政超收奠定了经济基础。

研究假说 H5-2：税务部门在预算执行过程中承受着来自上级税务部门和同级地方政府的税收任务绩效考核的刚性压力，税务部门在税收任务的考核压力之下会加强征管，地方财政收入预决算偏离与税收任务是正相关关系。

5.3 实证模型、估计方法与数据来源

5.3.1 实证模型

本章重点考察在晋升激励下地方政府追求超计划 GDP 增长和对税务部门施加刚性税收任务压力会对预决算偏离产生的影响，鉴于财政超收作为税收超 GDP 增长的部分成果，与税收超 GDP 增长有着密切关系，我们在借鉴方红生和张军（2013）、周黎安等（2011）、Goeminne（2008）等学者的研究成果基础上，建立了如下的实证模型：

$$RFE_{it} = a_0 + a_1 Un\_gdp_{it} + a_2 Tax\_plan_{it} + \beta X_{it} + \eta_i + \eta_t + \varepsilon_{it} \quad (5.1)$$

其中，RFE_{it} 为 i 省区市在 t 年度的财政收入预决算偏离度，我们用该省级政府在 t 年度的财政决算收入除以财政预算收入，即 $Account_{it}/Budget_{it}$，需要强调的是，此处的 $Budget_{it}$ 并非是各省级财政厅（局）年初提交人大审议通过的财政预算收入，而是在年度预算执行过程中地方政府调整、追加后的财政收入预算。

Un_gdp_{it} 是超计划 GDP 增长，高培勇（2006）、马蔡琛（2009）指出地方财政收入预决算偏离愈演愈烈的重要原因之一就是地方政府在财政收入预算的编制阶段"留有余地"，集中表现为 GDP 计划增长率常年低于 GDP 实际增长率。GDP 计划增长率与实际增长率分别作为财政收入预算、决算的经济基础，当地方政府在政治晋升的激励下策略性地影响两种 GDP 增长率，GDP 超计划增长的结果自然就是地方财政收入超年初预算收入增长，其最终结果就是新闻媒体和政府预算报告中经常出现的财政超收，我们用实际 GDP 增长率减去计划 GDP 增长率来表示超计划 GDP 增长情况，即使用公式 $Un\_gdp_{it} = real\_gdp_{it} - plan\_gdp_{it}$。

Tax_plan_{it} 是税收任务，税务部门在日常税收征管中主要受到依法征税和税收任务两种约束，但对税务部门真正具有硬约束力的是税

第5章 晋升激励、税收任务与地方财政收入预决算偏离

收任务,因为税务部门是否完成税收任务与其政治晋升、物资奖励密切相关,同级地方政府和上级税务部门对税务部门的绩效考核在实际操作中有"软硬"两手。

"软"的方面是出台财政超收奖励办法,例如,无锡市2005年为调动地方各级各部门征收积极性,制定了《无锡市财政收入超收奖励办法》,将奖励类型分为财政收入目标奖、税收超收奖和非税超收奖,超收的奖金部分用于市(县)、区和征收领导班子及有关人员的奖励;2009年山西大同下发《财政收入超收奖励办法的通知》(以下简称《通知》)规定,国税、地税局完成市政府下达的收入任务,奖励500万元,财政超收增加1%,再奖励20万元,奖励办法还细化到人,《通知》规定,国税、地税、财政部门超收3%~6%,奖励单位主要负责人10000元,超收达到或超过6%,可奖励主要负责人25000元,这种超收奖励办法在全国具有一定普遍性。

"硬"的方面就是加强税收任务的考核力度,将税收任务层层分解落实,具体征收任务会细化到科室,责任落实到人,实行税收任务目标考核责任制、税收任务"一票否决制"等刚性考核机制。虽然税务部门在税收征管中同样会强调把握住依法征税、应收尽收,坚决不征收过头税的组织收入原则,但在税收征管实际工作中,税务部门在"软硬"两手的激励和约束之下多倾向于完成年度税收任务。财政收入年度增长率和超预算增长情况作为财税部门的重要政绩会在每年地方政府预决算报告中重点报告。

主要变量描述性统计如表5-1所示。

表5-1 主要变量描述性统计

变量名	变量含义	观测值	均值	标准差	中位数	最小值	最大值
RFE	预决算偏离	480	108.377	6.485	106.9	94.99	142.46
Un_gdp	超计划GDP增长	480	1.668	1.872	1.6	-3.869	8.8
Tax_plan	税收任务	480	11.499	3.21	11	3	25
Rgdp	经济发展水平	480	1.677	1.334	1.25	0.221	7.308

续表

变量名	变量含义	观测值	均值	标准差	中位数	最小值	最大值
CPI	通货膨胀率	480	-0.332	3.251	0.297	-10.112	13.151
fnh	非农化	480	12.976	22.942	6.135	1.744	156.916
Urban	城市化	480	43.665	15.261	42.104	17.183	89.8
Open	开放度	480	31.145	39.779	12.124	0.086	172.221
Mnh	民营化	480	37.692	15.529	34.87	10.336	85.006
Unemp	失业率	480	3.557	0.777	3.635	0.62	6.8
Dsuibk	本科以上	330	2793	2660	1945	61	12345

关于税收计划的度量方式，因为所需要的预算数据来源不同而有两个选择，第一个是使用《中国财政年鉴》地方本级公共预算的预算收入数据，按照 $Tax\_plan_{it} = (Budget_{it} - Account_{it-1})/Account_{it-1}$ 来计算，其中 $Account_{it-1}$ 为上年度的财政决算收入，但是该预算收入数据在预算执行过程根据财政超收情况进行了调整、追加，会导致严重内生性；第二是使用各省区市财政厅（局）在年初预算报告中的关于本年度财政收入增长目标的数据，可以较好地解决上述的内生性问题。考虑到地方政府实行的是基数法税收计划编制方法，基数高、增速快的地区在下一个预算年度的税收计划也可能较高，同样会导致内生性问题。本章借鉴周黎安等（2011）的做法，选取了地税局本科以上学历总人数作为年度税收任务目标的工具变量，用工具变量法来解决财政超收与年度税收任务之间的内生性问题。

模型中 X_{it} 是现有文献中经常提到会影响财政收入的控制变量集，经济发展水平（Rgdp），以1997年各省区市人均GDP为基期，用各省区市历年CPI进行换算，得到实际人均GDP；通货膨胀（CPI）用CPI的年度增长率来表示；产业结构变化（Pnonagri）采用方红生和张军（2013）的做法，使用非农化变量来度量产业结构变化情况；城镇化（Urban）遵循中国经济增长前沿课题组（2012）的做法，用城镇人口占总人口比重表示城镇化率；开放度（Open）我们遵循现有文献的通常做法，使用地区进出口贸易总额占 GDP 的比重作为经济开放程度的指标；民营化（Pri_mnh）则遵循罗长远和张军（2009）的做法，用城镇单位在岗职工总人数中非国有部门职工人数所占比例来表示；失业率（Unemp）遵循杨灿明和孙群力（2010）的做法，使用城镇登记失业率作为失业率的衡量指标。

5.3.2 估计方法

面板数据类型有混合回归、固定效应和随机效应三种方法可供选择，因为在 5%的显著性水平没有拒绝随机效应估计系数有系统性差异的原假设，本章选用随机效应模型。考虑到随机效应模型更多地适用于大样本中抽取部分样本作为研究对象，而本章的研究对象是全国 31 个省区市中的 30 个，而且固定效应模型可以将不随时间变化的相关非观测效应去掉，有效降低内生性问题，所以本章同时报告随机效应和固定效应的回归结果。最后，地方财政收入预决算偏离与税收任务之间内生性的问题，本章参考周黎安等（2011）的做法，选用地税局本科以上学历人数作为税收任务的工具变量，进行工具变量回归。

5.3.3 数据来源

本章的研究重点是地方财政收入预决算偏离，根据我们的计算公式，要计算出各省级政府 1997~2012 年预决算偏离，我们需要知道各省级政府每年年初召开人民代表大会时所审议通过的政府预算草案报告，以及当年度的政府决算。但是完整收集 480 份财政预决算报告现实中面临着较多困难，本章地方财政收入预决算数据来自《中国财政年鉴》（1998~2013 年），需要说明的是，第一，《中国财政年鉴》中的预算数据是预算执行中调整后的数据，并非年初经本级人大审议通过的预算；第二，中国目前有大连、青岛、宁波、厦门、深圳5个计划单列市，在计算预决算偏离时需要将它们加入所在省份。

关于地方政府GDP计划增长率数据，本章使用的是全国30个省区市年度政府工作报告中的GDP增长目标（1997~2012年）；但是，2001年吉林、宁夏，2006年浙江、北京，我们使用的是省级发展和改革委员会向本级人民代表大会所提交的《国民经济和社会发展计划草案的报告》中年度GDP增长目标；各省级政府年度GDP实际增长速度则来自《中国统计年鉴》（1998~2013年）。

税收任务数据来自各省级预算报告中年度税收计划增长目标，本章共收集到424份省级政府在年初提交人民代表大会审议的预算草案，其余56个税收任务数据则来自当年度政府工作报告、国民经济和社会发展计划草案的报告，囿于篇幅不再详细列示。地税局本科以上学历人数（含本科，下同）来自《中国税务年鉴》（1998~2008年），大连、青岛、宁波、厦门、深圳等五个计划单列市的地税局人数则加入相应的省级单位中。

控制变量的原始数据来自《中国统计年鉴》（1998~2013年）、新中国60年统计资料汇编、新中国55年统计资料汇编、各省统计年鉴以及中经网。

5.4 实证结果分析

在这一部分，我们将对主要实证结果进行汇报，并分析地方政府在晋升激励下策略性地追求GDP超计划增长，以及对税务部门进行刚性绩效考核会对地方财政收入预决算偏离带来怎样的影响，整体估计结果见表5-2。

第 5 章　晋升激励、税收任务与地方财政收入预决算偏离

表 5-2　晋升激励、税收任务与地方财政收入预决算偏离

变量	1	2	3	4	5	6	7	8
Un_gdp	0.874*** (4.078)	0.915*** (4.472)	0.934*** (4.233)	0.886*** (4.226)			0.90*** (4.46)	0.869*** (4.434)
Tax_plan	0.317** (2.492)	0.311** (2.434)			0.344** (2.357)	0.299* (2.003)	0.312** (2.550)	0.283** (2.199)
Rgdp			-0.6506 (-0.733)	-0.8717 (-0.885)	-0.9418 (-1.25)	-1.1921 (-1.417)	-0.6390 (-0.88)	-0.8070 (-0.990)
CPI			-0.0294 (-0.430)	-0.0203 (-0.277)	-0.0509 (-0.64)	-0.0411 (-0.49)	-0.0260 (-0.35)	-0.0192 (-0.252)
fnh			0.0330 (0.9108)	0.0326 (0.6543)	0.0360 (1.022)	0.0364 (0.7632)	0.0463 (1.417)	0.0489 (1.0681)
Urban			0.0635** (2.5181)	0.0400 (1.0644)	0.067** (2.196)	0.046 (1.131)	0.065** (2.515)	0.0479 (1.334)
Open			-0.0490* (-1.952)	-0.0762* (-1.764)	-0.05** (-1.98)	-0.083** (-2.108)	-0.05** (-2.19)	-0.079* (-1.954)
Mnh			-0.0595 (-0.756)	-0.0875 (-1.007)	-0.0226 (-0.35)	-0.0542 (-0.752)	-0.0454 (-0.62)	-0.0756 (-0.948)
Unemp			0.8400+ (1.5693)	1.1135* (1.9856)	0.8217 (1.308)	1.1441* (1.7036)	0.9529* (1.783)	1.2048** (2.092)
_cons	101.66*** (61.806)	101.71*** (64.111)	103.10*** (45.601)	104.70*** (37.638)	98.62*** (35.09)	100.76*** (29.735)	98.91*** (38.82)	100.58*** (31.893)
N	480	480	480	480	480	480	480	480
r2_w	0.3929	0.3930	0.4098	0.4162	0.3857	0.3936	0.4224	0.4271
模型类型	RE	FE	RE	FE	RE	FE	RE	FE

注：①括号中是异方差稳健（robust）系数估计值的 t 值；② +、*、**、*** 分别代表 15%、10%、5%、1% 的显著性水平；③所有的回归均已控制地区效应、时间效应。

本章同时汇报了随机效应和固定效应模型两种结果，就本章关心的核心解释变量而言，超计划 GDP 增长和税收任务与预决算偏离之间的正相关性、显著性、回归系数并未受到回归方法不同的显著影响。

超计划 GDP 增长（Un_gdp）与预决算偏离之间的正相关关系通过 1% 显著性水平的统计检验，证实研究假说 H5-1 的合理性。地方政府在财政收入预算编制阶段通过低估收入预算编制依据——GDP 计划增长率，为财政超收预留了较大的税源空间。其实策略性地利用 GDP 预期增长率，在欧美成熟市场经济国家中也是地方政府追求预算自由裁量权，实现政治利益的重要手段。尤其是在选举年，选举因素对 GDP 预期的影响更为明显，GDP 预期与选举之间的传导机制是乐观性 GDP 增长预期—预算收入预期良好—政府举债能力提高/财政支出规模扩大—扩张性财政政策/扩大社会福利—选民的支持度上升—选举获胜，而选举如果失利，政府债务偿还责任则由下一任政府负责。

中外政治制度不同，欧美国家地方政府通过高估 GDP 增长率来提高政府负债能力，我国地方政府则是出于规避政治风险适当低估 GDP 计划增长率，同时在政治晋升激励下追求辖区实际 GDP 的高速增长，GDP 超计划增长为财政超收奠定了经济基础。所以中外地方政府策略性地利用 GDP 预期增长率的方式虽有所差异，背后实际上都显现着地方官员追求自身利益的影子，策略性地利用 GDP 预期只是地方官员实现政治利益最大化的工具。需要强调的是，由于我国 1994 年《预算法》以及实施细则所存在的制度漏洞使财政超收极易脱离人大监督，相对于年初人大批准的财政收入预算而言，地方政府对财政超收有着较高的自由裁量权，所以当 GDP 超计划增长而带来财政超收时，地方政府可以将财政超收收入投入基本建设性支出中，进一步推高经济增长速度，如此对地方政府而言，GDP 超计划增长与财政超收之间实现了良性循环。苑德宇（2014）的研究成果表明，当期税收收入预决算偏离正向显著地影响了地方政府投资，而其可能的原因就在于地方政府在上级政府以 GDP 为核心指标的考评机制下，地方政府在安排超预算税收收入时，会尽可能多或早地将这部分收入用于能够快速助长本地区 GDP 政府投资项目上，以在短暂任期内捞

第5章 晋升激励、税收任务与地方财政收入预决算偏离

取更大的政绩。

晋升激励、税收任务与地方财政收入预决算偏离如表5-2所示。

税收任务（Tax_plan）与预决算偏离同样是正相关，在固定效应和随机效应两种回归方法中均通过了显著性水平为5%的统计检验，说明本章的研究假说H5-2是合理的。税务部门在税收任务这种压力型干部考核制度下强化了税收征管力度，这种计划型税收增长方式为财政收入超预算增长提供了制度激励。虽然财政部和国家税务总局曾多次强调税收计划属于预测性、指导性的计划，预算执行中最重要的是坚持依法征税（郑文敏，2005），但在实际税收征管中，地方政府为了汲取足够的财政收入以支撑经济发展所必需的财源，对财税任务完成情况实行"一票否决制"的压力型干部考核制度。税收计划在实际税收征管工作中逐渐由指导性、预测性指标演变为具有严格约束力的硬指标，以至于各级税务部门为了完成本级税收任务纷纷选择将税收任务完成压力向下级税务部门转移，任务指标会细化至基层税务分局（所）乃至负有直接征税责任的税管员。

对于控制变量，城市化（Urban）的符号为正，且通过5%显著性水平的统计检验，这与曹广忠等（2007）的发现一致，城市化有助于地方财政超收，可能原因在于我国处于城市化红利释放期的经济发展阶段，城市化进程的加快推动了房地产业发展与基础设施的巨额投资，营业税会因城市化进程加快而迅速增长。

开放度（Open）的符号为负，而且通过了10%或5%显著性水平的统计检验，可能的原因在于地方政府为了吸引有价值经济资源的流入尤其是外商直接投资（FDI），展开了激烈的税收竞争，FDI的资本流动性较强，地方政府为吸引FDI流入本辖区会竞相提供各种税收优惠，李永友、沈坤荣（2008）的研究成果表明税收是地方政府进行粗放式价格竞争的主要手段，但粗放式税价竞争直接导致了辖区政府财力紧张，这种现象在经济落后和竞争激烈的地区表现得更为明显。

失业率（Unemp）的符号为正，而且通过了 10% 或 5% 显著性水平的统计检验，这与 Bischoff（2010）的发现一致，可能原因在于，当地方政府预期到经济形势恶化之时，如果年初预算估计过高而未能完成税收任务的情况下，地方政府只能选择加强税收任务考核力度、压缩政府职能部门年初预算支出或者举借地方债，这些选择无论对地方政府官员还是财政税务部门来说，比起年初低估财政收入预算，无疑要付出更多的政治成本和主动权，所以当经济形势恶化之时，地方政府和财税部门更倾向于低估年初预算收入。[①]

经济发展水平（Rgdp）与预决算偏离是负相关但不显著，符号与曹广忠等（2007）的发现一致；通货膨胀率（CPI）的符号为负但不显著；非农化（fnh）的符号为正，与方红生和张军（2013）的发现一致，但不显著；民营化（Mnh）的符号为负，与周黎安等（2011）的发现一致，但不显著。

5.5 工具变量回归和稳健性检验

在前面我们曾经提及，税收任务与地方财政收入预决算偏离之间可能存在相互影响而导致的内生性问题，如果不解决税收任务存在的内生性问题则会导致最小二乘法估计结果的有偏性和不一致，解决内生性问题通常的改进方法是寻找一个与税收任务关系密切，但又独立于地方财政收入预决算偏离的变量，作为工具变量进行两阶段最小二乘法估计。即有效的工具变量需要满足两个基本条件：其一，选取的工具变量与内生变量是相关的，也就是说，$Cov(x, Z) \neq 0$；其二，

[①] 例如，在 2008 年金融危机中，在本书所收集到《关于××省 2008 年预算执行情况和 2009 年预算草案的报告》中大多会提到"全省财政收支将面临更严峻的形势"，国务院《关于编制 2009 年中央预算和地方预算的通知》也明确要求"收入预算编制要实事求是、积极稳妥，充分考虑到各种税收政策调整因素，与 2009 年国内生产总值等经济预期发展情况相适应"。

工具变量与误差项不相关，即 Cov(Z, u) = 0。

基于以下几个方面的原因本章选取了地税局本科以上学历人数作为税收任务的工具变量：

第一，王剑锋（2008）使用税务部门工作人员人数、税务部门工作人员平均受教育年限以及税务部门人均事业费作为税收努力水平的代理变量，税收任务实质上属于税收努力的明显的外部表现形式。考虑到税收任务刚性考核制度直接影响了税务部门工作人员的政治晋升和物质奖励以及福利待遇，可以说税收任务是否完成以及完成成绩优良直接决定了税务部门工作人员的个人效用水平。周黎安等（2011）曾经使用税务官员学历以及人数作为税收努力的税务稽查部门"查实率"的工具变量，回归结果也是稳健。本章选取本科以上学历人数作为工具变量即建立他们的研究成果基础之上。

第二，政治激励理论认为改革开放之后我国干部考核任用制度发生重大变化，中央政府对地方政府官员选拔和提升的考核标准由以政治表现为主转变为以经济绩效为主。林挺进（2008）研究发现，受教育程度提高一年，地级市市长升迁速率就提升 0.057%；王贤彬、徐现祥（2008）在研究官员个人特征对经济增长影响时对不同学历官员进行赋值作为知识化的代理变量。

具体到税务部门，学历水平较高的工作人员更容易被提拔晋升至领导干部或者业务骨干的位置，他们是最直接面对来自地方政府和上级税务部门税收任务考核压力的税务部门工作人员，而且在税收任务的分配落实中会对各级税务部门领导实行分片、分区的个人负责制，尤其是在税收增收任务面临着严峻形势时，这种落实到地税局领导个人的挂钩责任制考核力度会更强。税务部门内部固然存在着税收任务分解落实中的层层加码现象，但与税务部门一般工作人员失去的物质奖励相比，税务部门领导若不能完成税收任务面对的更可能是"一票否决制"下的政治前途，所以我们认为虽然学历较高的税务部门工作人员并不一定必然处于领导或业务骨干的位置，但处于税务部门领导或业务骨干位置的工作人员，学历更可能是一项晋升考核中的硬指标。本章工具变量的样本区间是 1997~2007 年，在此期间本科学历逐渐替代专科成为地税局工作人员中较高学历人才的主体；地税局领导干部和后备人才遴选的基本门槛就是本科学历，所以本章从地税局领导干部和业务骨干以及地税局高学历人才结构等角度综合考虑，最终选取本科以上学历人数作为工具变量。

第三，本章选取本科以上学历作为税收任务工具变量还在于分税制改革之后，无论是各级政府还是国家税务局、地方税务局都充分认识到税收征管能力建设的重要性，最为明显的就是以金税工程一期、金税工程二期、金税工程三期、金关工程等为代表的税收信息化建设，税收征管能力现代化必然对税务部门工作人员的专业素质提出了更高的要求，如果没有受到一定程度良好的教育和专业培训，熟练而有效率的征收税收是不可想象的。以广东省为例，2013 年广东省地税局工作总结中在深化税收征管改革方面就推行了加强大企业税收专业管理，为大型企业提供税收风险管理、建设税收风险防控体系等个性化服务，实现了税收管理员平台向税源管理平台升级，分类分级分事项自动推送管理任务，为此全年广东省地税局举办培训班 2066 期，培训 11 万人次。

第四，我们使用本科以上学历人数作为工具变量，他们是来自税务部门客观上报的数据，与税收收入并没有直接关系。进一步，本科学历以上人数仅仅作为税收努力的一个直接影响因素，在控制了税收努力和经济环境的条件下，它们无法直接影响税收，换句话说就是工具变量和随机干扰项无关。

虽然前面我们从理论以及其他学者研究两方面论述了选择本科以上学历人数作为税收任务工具变量的合理性，不过恰当的工具变量不能单纯地求助于直觉，还需要通过具体数据和模型来进行验证，首先，在工具变量回归中第一阶段的 F 统计量的 P 值均为 0.000，可以

第5章 晋升激励、税收任务与地方财政收入预决算偏离

拒绝弱工具变量的原假设;其次,DWH内生性检验可以在1%的显著性水平拒绝所有解释变量均为外生的原假设。以上两个检验说明我们采用工具变量处理内生性问题的做法是合理的。工具变量的回归结果见表5-3的第1列、第2列,就超计划GDP增长、税收任务与预决算偏离的正相关性关系而言,在工具变量回归中仍旧成立,且通过1%显著性水平的统计检验;我们注意到在采用工具变量控制内生性问题之后,税收任务的回归系数有明显提高,这说明税收任务的内生性会使最小二乘估计结果明显向下偏移,从而低估了税收任务这种刚性绩效考核制度对激励税务部门加强征管提高税收所起到的显著作用。

表5-3 工具变量回归和稳健性检验

变量	1	2	3	4	5	6	7	8
Un_gdp		0.866 *** (2.8549)	0.155 *** (5.978)	0.173 *** (5.849)			0.154 *** (5.801)	0.165 *** (5.385)
Tax_plan	2.072 *** (3.293)	2.374 *** (3.569)			0.049 * (1.766)	0.07 *** (2.867)	0.0486 * (2.005)	0.069 *** (3.007)
Rgdp	-3.5330 * (-1.953)	4.079 ** (-2.160)	0.045 (0.301)	0.134 (1.222)	0.016 (-0.121)	0.0867 (0.903)	0.0553 (0.427)	0.1285 + (1.581)
CPI	-0.059 (-0.331)	-0.038 (-0.205)	-0.035 ** (-2.086)	-0.039 ** (-2.321)	-0.039 ** (-2.2)	-0.043 ** (-2.52)	-0.035 ** (-2.302)	-0.04 *** (-2.599)
fnh	0.199 ** (2.3152)	0.199 ** (2.3720)	-0.006 (-0.750)	-0.002 (-0.436)	-0.005 (-0.66)	-0.0009 (-0.16)	-0.0031 (-0.446)	0.0006 (0.133)
Urban	0.0934 ** (2.1198)	0.092 ** (2.0640)	0.0092 * (1.714)	0.019 *** (3.318)	0.009 + (1.664)	0.02 *** (2.884)	0.011 ** (2.151)	0.019 *** (3.348)
Open	-0.0401 (-0.932)	-0.0318 (-0.788)	0.0014 (0.168)	0.0028 (0.487)	0.0006 (0.068)	0.0023 (0.449)	0.0010 (0.123)	0.0014 (0.269)
Mnh	-0.127 + (-1.456)	-0.0799 (-0.924)	-0.023 ** (-2.154)	-0.014 + (-1.602)	-0.018 * (-1.78)	-0.006 (-0.79)	-0.021 ** (-2.273)	-0.0096 (-1.205)
Unemp	1.0150 (1.2885)	1.1971 + (1.4828)	0.0919 (0.962)	0.0836 (0.783)	0.0908 (0.743)	0.0806 (0.662)	0.1019 (1.000)	0.1000 (0.933)

续表

变量	1	2	3	4	5	6	7	8
_cons	80.50 *** (8.8150)	75.39 *** (8.2209)	2.392 *** (6.7203)	1.695 *** (5.4112)	1.78 *** (3.452)	0.696 + (1.643)	1.693 *** (3.5252)	0.739 * (1.9053)
N	330	330	464	464	464	464	464	464
r2_w	0.2545	0.2442	0.7362	0.7269	0.7222	0.7102	0.7419	0.7337
模型类型	IV－RE	IV－RE	FE	RE	FE	RE	FE	RE

注：①工具变量回归中括号中是系数估计值的 z 值；FE 与 RE 回归结果括号中是异方差稳健的 t 值；②+、*、**、*** 分别代表 15%、10%、5%、1% 的显著性水平；③所有的回归均已控制地区效应、时间效应。

表 5-3 的第 3 列~第 8 列是我们以人均地方财政超收的对数值作为因变量所进行的稳健性检验，就豪斯曼检验而言，当分别考察超计划 GDP 增长和税收任务对预决算偏离的影响时，两个模型均在 1% 显著性水平通过检验，要求使用固定效应模型，但当综合考察时却没有通过豪斯曼检验，所以本章同时报告了固定效应与随机效应两种回归结果，我们发现超计划 GDP 增长和税收任务的回归系数在相关性和显著性水平上都是稳健的。

5.6 小　　结

本章运用我国 1997~2012 年省级面板数据建立随机效应模型实证研究地方政府在晋升激励下策略性地影响 GDP 计划增长率和 GDP 实际增长率，以及对税务部门进行刚性任务考核制度对地方财政收入预决算偏离的影响。实证结果分析发现：

财政收入预算编制主要依据是 GDP 计划增长率，地方官员政绩考核主要指标是 GDP 实际增长率，地方官员有动机来策略性地影响两种 GDP 增长率，GDP 超计划增长奠定了财政超收的经济基础，我们发现 GDP 增长率每超计划增长 1%，预决算偏离度就增加 0.9%。

第 5 章　晋升激励、税收任务与地方财政收入预决算偏离

　　税务部门在日常税收管理中面临着依法征税和税收计划两个约束，真正具有硬约束力的是税收计划，因为税务部门是否完成税收计划直接关系到职务晋升和物质奖励。以往学者在分析财政超收时多注意到税收计划执行中层层加码这种不规范现象对预决算偏离的影响，本章研究发现税务部门在政绩考核压力之下会提高税收努力程度、加强征管，这为其他学者关于税收任务与预决算偏离之间的正相关性提供了实证证据支持。为了解决税收任务可能存在的内生性问题，我们使用地税局本科以上学历人数作为税收任务的工具变量进行回归，发现税收任务的重要性在最小二乘法的回归中被低估。

中国地方财政
收入预决算偏离
问题研究

Chapter 6

第6章　政治激励、税收计划与地方财政收入预决算偏离

第6章 政治激励、税收计划与地方财政收入预决算偏离

6.1 引　　言

党的十八届三中全会做出财政是国家治理的基础和重要支柱的战略决策，明确提出必须建立现代财政制度的改革目标，楼继伟（2014）指出现代预算制度是现代财政制度的基础，预算编制的科学完整、预算执行的规范有效、预算监督公开透明是现代预算管理制度的核心内容。如果我们使用"科学性"作为衡量地方政府预算编制的效率标准和今后预算管理制度全面深化改革总体要求之一时，1994年分税制改革以来，地方政府预算编制实践告诉我们在提高预算编制的精细化、科学化方面仍有明显的制度红利可供开发，如图6-1所示。全国30个省区市（西藏除外），2000~2012年，平均而言，仅有广东、山东、河北、福建、湖北的预决算偏离度低于5%，宁夏（17.37%）、黑龙江（16.3%）、内蒙古（14.81%）的预决算偏离度最高，国际公认预决算偏离合理范围为5%以内。

跨年度预算平衡机制是现代预算制度的重要环节，其基本的指导思想是"用丰补歉"，准确可靠的收入预测能力是实现跨年度预算平衡的基础性条件之一，杨志勇（2014）指出准确的预测是中期财政规划成功实施的重要一步。跨年度预算平衡机制建立后，地方财政年度预算平衡状态会被打破，财政赤字可能成为"新常态"，2014年《预算法》修正案已经允许地方政府通过自发自还的方式举借地方债。Bohn（2010）研究政治预算周期时发现基于财政赤字的政府补贴与操纵预算预测是地方政府赢得选举胜利的重要手段。中外政治制度不同，地方官员竞争政治权力的追求是一致的，未雨绸缪，在构建年度预算平衡机制时提高财政政策的前瞻性和可持续性就显得尤为重要。现代预算制度既要能充分利用建立在地方政府信用评级基础上地方债务管理体制的透明化、规范化、低融资成本等优势，又能准确评

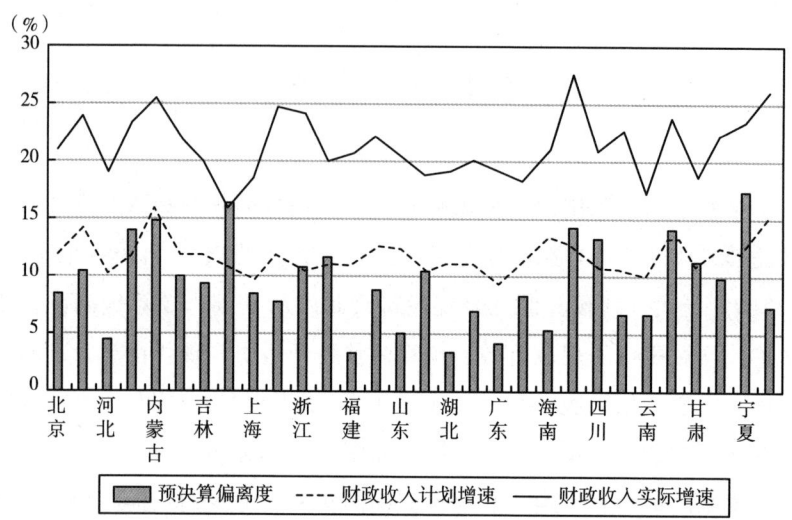

图 6-1 2000~2012 年各省区市财政超收与财政收入增速

资料来源：预决算偏离度与财政收入实际增速来自《中国财政年鉴》计算所得；财政收入计划增速来自 2000~2012 年各省级政府工作报告。

估地方政府的负债能力、偿债能力，规避潜在的地方财政风险，欧美成熟市场经济国家的经验教训①提示我们必须重视预算过程的起点——预算编制准确度。

回顾 1994 年分税制改革以来地方政府在预算编制、预算执行的实践历程，并从中找出制约预算编制科学性、预算执行规范性的因素，有助于今后现代预算制度的建立。国内学者研究预决算偏离问题时，多从预算制度在编制、执行与监督存在的制度性缺陷的角度

---

① Jonung 和 Larch（2006）指出欧盟成员国通过高估财政收入来提高政府负债能力进而规避《稳定与增公约》（stability and growth pact）关于各国财政赤字不得超过当年 GDP 的 3%，公共债务不得超过 GDP 的 60% 的规定，各国政府债务的积累已经影响到欧元的稳定；由于收入预测不准对财政政策的影响具有事前不可预知性（Bischoff，2010），选举之时相比于增税、减支，地方官员更倾向于利用高估财政收入来隐蔽的提高政府负债能力以提高自己连任的支持度，当地方官员在选前支持率较低时这种行为更加明显（Boylan，2008）；财政超收更隐蔽而严峻的挑战是它使预算法治性不能得到充分尊重，因为立法机关所讨论、审议并最终通过的预算报告是建立在错误的财政收入预测基础之上（Bischoff，2010）。

第6章 政治激励、税收计划与地方财政收入预决算偏离

展开理论性论述，缺乏经验分析的证据支撑；1994年分税制改革后，预决算偏离开始出现，地方政府财政收入预测能力为何长期滞后，长期激励地方政府追求财政超收的动机是什么；预算执行中的税收计划的层层加码对税务部门的逆向激励又会如何影响财政超收，两者间是简单的线性关系吗？地方政府通过何种工具控制财政超收？这些问题在以往的研究中并未进行深入讨论。本章余下部分结构安排如下：第二部分是文献综述；第三部分是理论框架与研究假说；第四部分是介绍实证模型、估计方法以及数据来源；第五部分是实证结果分析和稳健性检验；第六部分是提出本章的结论与启示。

6.2 文献综述

地方财政收入预决算偏离是相对新颖的概念，财政超收概念却广泛使用于新闻媒体和政府报告中，但两者在学术研究中均未受到足够重视。财政超收由高培勇（2006）作为税收超GDP增长的附属性概念提出，后鉴于财政超收导致预决算偏离问题愈演愈烈，高培勇（2008）呼吁关注预决算偏离度，预决算偏离概念开始独立于税收超GDP而存在，开始引起国内学者的关注。马岭（2010）认为《预算法》只明令禁止"短收"而没有关于"超收"的规定以及"预算调整"规定不尽合理使财政超收与超支极易躲过人大审议；赵海利、彭军（2013）建议参考借鉴有着较高收入预测准确度的美国州政府在财政收入预测方法、过程等方面所积累的成功经验，降低我国居高不下的财政收入预测偏差度。

财政超收是税收超GDP增长中超年初预算增长的成果，在解开税收超GDP增长之谜的原因方面，能够在学者间达成共识的因素有以下几个方面：

(1) 经济因素。周黎安等（2011）发现 GDP 增长对解释税收超 GDP 增长有接近 45% 的解释力；郭庆旺和吕冰洋（2004）以第三产业产值与第二产业产值比作为产业结构优化的度量指标，发现产业结构优化有利于税收总收入的增长；曹广忠等（2007）指出产业结构优化的原因是地方政府在政绩考核压力下，利用土地市场垄断供给地位低价协议出让土地，通过大力地招商引资来发展能够带来更多税收的制造业、建筑业、房地产业等高税行业，高税行业的迅速发展实现地方财政收入超 GDP 增长；陶然等（2009）进一步指出制造业发展具有强烈的溢出效应，服务业因其而受惠，可使地方政府获得营业税和土地出让收入；方红生和张军（2013）使用非农化变量度量高税行业间溢出效应，证实了产业结构优化是税收超 GDP 增长主要渠道。

(2) 制度因素。分税制改革后地方政府的征税态度相比于财政包干制发生了明显变化，在激励地方政府积极汲取财源的动机方面，吕冰洋（2009）认为分税制改革在政府间形成了稳定的基于分税合同的税收分权契约，分税合同比财政包干制时分成合同和定额合同更能激励地方政府的税收努力；汤玉刚和苑程浩（2010）、张军（2012）则提出分税制改革后中央与地方间税收分权契约并不稳定，政府间财政分配关系呈现集权趋势，中央税收集权程度的提高是地方政府加强税收征管，提高征管效率，实现税收超 GDP 增长的根源；陶然等（2009）、张军（2012）进一步指出分税制改革调整实现了中央财政集权，支出责任并未在不同级别政府间进行相应调整，支出责任与财权的不对称塑造了地方政府财政收入最大化的目标。

(3) 管理因素。高培勇（2006）认为现行税制诞生时预留了巨大征管空间，随着以金税工程为代表的征管信息化建设，征管效率的提高使实征税负不断地靠近法定税负，征管空间的充分挖掘是税收高速增长的根源；吕冰洋和樊勇（2006）测算出 1996～2004 年各省区市税收征管效率年均提高9.3%，税收征管效率的提高每年促进税收增长3.7%；曹广忠等（2007）对税收征管效率是税收超GDP增长主要原因提出质疑，他们认为税收征管效率边际收益递减的规律使其难以解释税收长期超GDP增长；吕冰洋和郭庆旺（2011）提出应当区别看待税收征管效率中客观性征管技术水平和主观性税收努力；杨得前（2010）使用Malmquist生产效率指数法，对税收征管效率进行了定量测算和分解，发现税收征管效率的提高主要源于新技术的采用，而非组织管理水平的提高。

综合学者们研究成果，税收超GDP增长是多因素合力的结果。财政超收虽是财政增收中超预算的部分，但亦有自身的特性，首先，收入预算编制阶段长期的"留有余地"，GDP计划增长率作为预算编制核心依据长期低于实际GDP增长率，GDP的超计划增长为财政超收奠定了经济基础，而GDP增长在税收超GDP增长研究中是一般性因素；其次，地方政府与税务部门之间在税收征管工作中存在着委托代理关系，税务部门在税收计划刚性考核压力下存在着利用信息优势隐瞒真实税源的逆向激励，税收征管效率需要重视税务部门的税收努力。

现代预算制度的建立要求改进现行"GDP计划增长率基础上加几个百分点"这种简单的收入预测方法，并找出制度层面制约地方财政收入预测科学性的因素，欧美成熟市场经济国家有哪些经验教训可供借鉴。欧美国家学者主要从经济周期、政治两个方面考察预决算偏离，经济周期会影响收入预测准确度是国外学者的共识，政治因素是他们关注的重点。Jonung和Larch（2006）指出欧盟成员国策略性地利用经济预测已经严重影响到成员国财政状况，欧盟成员国对经济增长乐观预测背后的政治动机在于为经济和财政描绘一幅轻松场景从而推迟痛苦而又迫在眉睫的经济改革；Paleologou（2005）在研究英国收入预测时发现选举因素对预决算偏离度有着显著影响；Bischoff和Gohout（2010）进一步指出当执政党支持率较低、连任机会渺茫时，西德地方政府存在高估财政收入的倾向；Boylan（2008）研究发现美国州地方政府选举中，存在地方政府利用高估财政收入提高政府负债能力的情况，选举年人均预算赤字高于选举后；Krol（2014）指出美国行政和预算管理局（OMB）和国会预算办公室（CBO）操纵真实 GDP 预测造成了收入预测偏差，双方在对 2~5 年期的 GDP 预测的偏差方向上完全相反！

从国外学者研究成果可知，政治因素对财政超收有着不容忽视的影响，政治因素的影响开始引起国内部分学者的关注，徐阳光（2011）指出收入预测的真正挑战是政治和法律层面而非技术、方法等客观因素；赵海利和吴明明（2014）认为由于经济增长与地方官员政治晋升密切相关，地方官员为增长而竞争，实际经济增长率高于预期增长率造成预决算偏离；Li 和 Zhou（2005）发现 GDP 增长速度每提高 1%，省委书记和省长的晋升概率就显著提高 10%，为地方官员在晋升激励下努力发展辖区经济提供了经验证据支持；傅勇和张晏（2007）发现由于基本建设性支出与公共服务支出的 GDP 增速不同，地方政府预算内财政支出存在偏向基本建设性支出的倾向。从几位学者论述可知，中央政府对地方政府的政绩考核制度激励地方政府发展经济，GDP 实际增长率作为财政决算的经济基础与预算编制依据 GDP 计划增长率之间的不同是造成预决算偏离的重要因素。

6.3 理论框架与研究假说

吕冰洋和郭庆旺（2011）提出税收增长主要取决于纳税人的纳税能力、政府征税能力以及税务部门的税收努力，其中纳税能力取决于税源的丰富程度，征税能力主要取决于税务部门人数、技术水平与工作人员素质等客观性变量。本章借鉴他们的基本思路，同时结

第6章 政治激励、税收计划与地方财政收入预决算偏离

合我国地方政府预算编制实际方法构建一个融合政治激励和税收计划的理论框架，分析地方政府和税务部门的行为决策对预决算偏离的影响。

根据我国各级政府编制收入预算的惯例，财政收入预算主要参考指标是GDP计划增长率（Plan_gdp），[①] 由于地方政府并不具备税收立法权，我们将税率T视为外生变量；因为收入预算的编制时间通常是在预算年度的末期，此时当期国内生产总值尚未统计，为简化分析，我们假设当期预估的国内生产总值即实际的国内生产总值，这样下一个预算年度的税基为（Plan_gdp+1）GDP。当税基、税率和GDP增长计划确定之后，则地方政府预算收入的多寡主要取决于地方政府和税务部门的征税能力（Tax_ability）和税收努力（Tax_effort），我们用式（6.1）来表示财政收入预算：

$$Budget = Tax\_effort \times Tax\_ability \times T \times (Plan\_gdp + 1) \times GDP \tag{6.1}$$

财政收入预算编制只能依靠事前预测的指标GDP计划增长率，但财政决算收入与GDP实际增长率密切相关。政治激励理论认为改革开放以后，中央政府对地方政府官员选拔和提升的考核标准由以政治表现为主转变为以经济绩效为主，其中考核的核心指标是辖区年度GDP实际增长率，并且为了减少考核中存在的评估误差，中央主要以辖区上届政府和相邻辖区的GDP增长情况为参考对象，这就在相邻辖区的地方官员之间形成了基于GDP增长的"晋升锦标赛"。理性的地方官员会努力推动辖区经济增长以追求尽可能高的GDP实际增长率，同时地方官员出于规避政治风险动机策略性地影响GDP计划增长率。

[①] 国务院每个预算年度末期都会下发如《国务院关于编制2014年中央预算和地方预算的通知》提出预算编制指导思想，多年来关于收入预算编制都会提出"财政收入的增幅略高于国内生产总值的增幅，继续提高财政收入占国内生产总值的比重"的原则；各级政府预算编制的具体做法是"在GDP计划增幅的基础上外加若干个百分点，前几年是2~3个百分点，近两年是4~5个百分点"（高培勇，2008）。

GDP 超计划增长为地方政府追求财政超收奠定了经济基础，财政超收资金软化了地方政府的预算约束，财政超收资金当年尽可能多或早地用于财政超支可以推高 GDP 实际增长率，地方官员在获得财政激励的同时能增加政治晋升的竞争优势。我们用 Un_gdp 表示超计划 GDP 增长情况，财政决算收入的税基为（Un_gdp + Plan_gdp + 1）GDP。

考虑到征税能力主要表现为税收征管技术水平和征税人员素质这样的客观变量，短期内征税能力提高水平有限，我们将其视为外生变量。税收努力是与税务部门工作人员的敬业精神这样主观性动机的关系更为密切，我们将税收努力程度区分两个部分：一部分是与恰好完成年初税收计划相适应的努力水平（Tax_effort），另一部分是在预算执行过程中税务部门受到来自上级税务部门和同级地方政府调整年初税收计划所施加的刚性压力[①]而付出的税收努力程度。考虑到税收计划刚性强度在年内是变化的，我们用 f(x) 来表示，其中 x 为预算执行过程中税务部门的税收计划压力强度。

关于税收计划有三点必须强调：（1）税收计划是税务部门政绩考核的主要指标，税收计划是否完成直接决定了税务人员的职务晋升和物质奖励[②]；（2）税收计划刚性强度与税务部门和人员所处的行政序列级别反向变化，也就是说，税收计划执行过程中存在着层层加码的问题，越是处于基层税务部门和工作人员所承受的压力可能越强，[③] 上一级的税务部门和同级地方政府为完成本级税收计划向

[①] 匡小平、何灵（2006）指出我国目前并没有调整修订税收计划的固定时间，计划的随意性很大，计划年初下达、中期调整、年末追加的现象几乎年年发生，且这种调整有时并不经过人大批准。

[②] 河南范县 2012 年为完成税收计划提出"大干六十天、确保完成全年税收任务"的口号，并在实际征管工作中执行"成立组织收入专项工作领导小组，形成一级抓一级，层层抓落实；严格落实税收收入目标责任制和局长包片、科室包所制度；加大考核奖惩制度，将个人工资与任务完成好坏挂钩"的制度。

[③] 湖南沅陵 2006 年为完成第四季度税收任务实行"打破年初税收任务分配计划，根据各分局税源变化情况，按月分解税收计划，落实到单位和税管员，落实管理责任制"的措施。

第 6 章　政治激励、税收计划与地方财政收入预决算偏离

下级地方政府和税务部门转移税收任务压力；(3) 地方政府税收计划的编制方法是基数法，基数法是在上年度税收决算收入的基础上，相应地乘以国民经济计划发展速度（GDP 计划增长率），再考虑下一个预算年度内的特殊性因素加减之后编制而成，但税收计划基数与实际税源并不能完全保持一致，税收基数的高低对税收任务完成与否有着重要影响。

财政决算收入我们用式（6.2）来表示：

$$\text{Accounts} = f(x)\text{Tax\_effort} \times \text{Tax\_ability} \times T \times (\text{Un\_gdp} + \text{Plan\_gdp} + 1)\text{GDP} \tag{6.2}$$

借鉴 Goeminne 等（2008）的做法和高培勇（2008）所给出的预决算偏离度的定义，我们用财政决算收入除以财政预算收入来表示预决算偏离度（RFE）：

$$\text{RFE} = \frac{f(x)\text{Tax\_effort} \times \text{Tax\_ability} \times T \times (\text{Plan\_gdp} + \text{Un\_gdp} + 1) \times \text{GDP}}{\text{Tax\_effort} \times \text{Tax\_ability} \times T \times (\text{Plan\_gdp} + 1) \times \text{GDP}} \tag{6.3}$$

我们对式（6.3）进行化简得到预决算偏离度的表达式：

$$\text{RFE} = \frac{f(x)(\text{Plan\_gdp} + \text{Un\_gdp} + 1)}{\text{Plan\_gdp} + 1} \tag{6.4}$$

$$\text{RFE} = f(x)\left(1 + \frac{\text{Un\_gdp}}{1 + \text{Plan\_gdp}}\right) \tag{6.5}$$

从式（6.5）可以看出，作为财政收入预算编制依据的 GDP 计划增长率和预决算偏离是负相关，超计划 GDP 增长与预决算偏离之间是正相关；税收计划与预决算偏离之间的关系主要取决于 $f(x)$。基于上述的理论分析，我们对超计划 GDP 和税收计划与预决算偏离之间的关系提出下面两个研究假说：

研究假说 H6－1：地方政府收入预算编制主要参考指标是 GDP 计划增长率，政绩考核主要依据是辖区实际 GDP 增长率，政治晋升激励地方官员追求辖区实际 GDP 的高速增长，并策略性地低估 GDP

计划增长率，超计划 GDP 增长为地方政府追求财政超收奠定了经济基础。

研究假说 H6-2：税务部门在预算执行过程中承受着来自上级税务部门和同级地方政府的税收计划压力，税务部门在税收计划刚性压力下会加强征管，财政超收与税收计划间正相关，但在基数法这种预算编制方法下，税务部门同样存在利用信息不对称优势隐瞒真实税源的动机，税收计划与财政超收之间可能呈现倒"U"形关系。

6.4 实证模型、估计方法与数据来源

6.4.1 实证模型

考虑到我国地方政府财政行为决策在一定程度上具有"增量预算"的特征，也就是说，当期财政超收极有可能受到前期财政超收的影响，高培勇（2013）指出"有人形成了年年瓜分超收、岁岁改善福利的思维定势和行为模式"，基于预决算偏离可能存在的路径依赖，在实证模型分析中考虑相应的动态变化是十分必要的。为了检验政治激励与税收计划对预决算偏离的动态影响，本章选取 2000~2012 年中国 30 个省区市（西藏除外）的面板数据，构建滞后一期的动态面板计量方程：

$$RFE_{it} = a_0 RFE_{it-1} + a_1 Un\_gdp_{it} + a_2 Taxplan_{it} + a_3 Taxplan_{it}^2 + \beta X_{it} + u_i + u_t + \varepsilon_{it} \tag{6.6}$$

其中 RFE_{it} 是 i 省区市在 t 年度的预决算偏离度，我们用该省级政府在 t 年度的财政决算收入除以财政预算收入，即 $Accounts_{it}/Budget_{it}$ 来表示，需要强调的是，$Budget_{it}$ 并非是年初经各级人大审议通过的预算，而是在年度预算执行过程中地方政府调整、追加后的财政收入

第6章 政治激励、税收计划与地方财政收入预决算偏离

预算。

Un_gdp_{it} 是超计划 GDP 增长情况，GDP 计划增长率和实际增长率分别作为财政收入预算、决算的经济基础，当地方政府在政治激励下策略性地影响两种 GDP 增长率，GDP 超计划增长为地方政府汲取财源奠定了经济基础，自然会造成预决算偏离，我们用实际 GDP 增长率减去计划 GDP 增长率来表示 GDP 超计划增长，即 $Un\_gdp_{it} = real\_gdp_{it} - plan\_gdp_{it}$。

$Taxplan_{it}$ 和 $Taxplan_{it}^2$ 是税收计划与其平方项，我国税收计划的编制由于受传统计划经济体制的影响较重，因此增量预算特征明显，即实行基数法的编制方法，在税收计划编制实际工作中，地方政府主要是根据本级政府上年度税收计划实际完成情况（税收决算收入），同时结合本预算年度内国民经济的计划增长情况（即 GDP 计划增长率），同时考虑预算年度内可能的特殊因素后编制而成，我们用 $Taxplan_{it} = (Budget\_tax_{it} - Account\_tax_{it-1})/Account\_tax_{it-1}$ 来表示。

根据我们的税收计划计算公式，我们需要知道地方政府上年度税收决算收入（$Account\_tax_{it-1}$）与当期税收预算收入（$Budget\_tax_{it}$），其中 $Account\_tax_{it-1}$ 可以获得统一的数据，关键在于 $Budget\_tax_{it}$。一般而言，税收预算即指年初财政厅（局）提交本级人大审议的预算报告中的税收收入，但问题在于完整收集 2000~2012 年全国 30 个省级政府的预算报告存在一定困难；其次，就本章所收集到的省级政府预算报告中，地方财政厅（局）主要报告财政预算以及计划增长率，税收预算较难完整得到。本章在计算税收计划时使用的是《中国财政年鉴》中地方本级一般预算/公共财政预算中的税收预算收入数据，此数据缺点在于它是地方政府在预算执行过程中已经调整后的税收预算数据，存在内生性问题，而其优点在于它是根据预决算偏离程度来调整，更能反映地方政府对税务部门执行税收计划刚性强度的动

态变化。①

各主要变量的描述性统计如表6-1所示。

表6-1　　　　　各主要变量的描述性统计

变量	变量含义	观测值	均值	标准差	最小值	最大值
RFE	预决算偏离	390	108.377	6.485	94.99	142.46
Un_gdp	超计划GDP	390	1.668	1.872	-3.869	8.8
Taxplan	税收计划	390	13.238	9.12	-22.865	50.336
fnh	非农化	390	12.976	22.942	1.744	156.916
Urban	城市化	390	43.665	15.261	17.183	89.8
Open	开放度	390	31.145	39.779	0.086	172.221
Lnrgdp	经济发展水平	390	9.456	0.735	7.703	11.199
Unemp	失业率	390	3.557	0.777	0.62	6.8
CPI	通胀率	390	-0.332	3.251	-10.112	13.151

6.4.2　估计方法

基于以下几个方面的原因，我们使用现在广为流行的系统GMM方法来估计式（6.6）：

（1）预决算偏离可能存在动态变化的特征，我们建立了动态面板计量模型。

（2）考虑到我们计算核心解释变量"税收计划"时所使用的预决算数据来自《中国财政年鉴》，但《中国财政年鉴》中各省区市

---

① 根据收集到各省级财政厅（局）年初提交人大会审议通过的预算报告，税收计划增长幅度在8%~15%是比较常见的，而本章根据《中国财政年鉴》中税收预算收入数据计算所得的税收计划有高达45.96%（山西，2006），甚至有省份在个别年份税收计划为-0.7%（湖北，2009），亦有税收计划仅增长0.1%（海南，2012），其实反映出地方政府在预算执行中根据税收征管情况而调整后的预算，由于此预算收入数据是全省汇编，年度预算调整并不仅仅发生在省级预算，市级（湖南常德，2012）、县级（湖北宜都，2012）均有可能。

第6章 政治激励、税收计划与地方财政收入预决算偏离

"一般预算/公共财政"税收预算收入是在预算执行过程中已经调整后的预算数据,并非各省级财政厅(局)年初提交本级人大会审议通过的税收收入预算,① 地方政府在预算执行过程中根据财政超收的变化对税务部门执行税收计划所施加的影响力也会有所变化,也就是说,税收计划与财政超收之间可能存在相互影响,在税收计划与地方财政收入预决算偏离度滞后一期均存在较严重内生性问题时,如果我们仍旧使用一般 OLS 方法那么所得到的估计结果极有可能是有偏的。

(3) 系统 GMM 方法则可以较好地解决动态面板计量模型所存在的内生性问题,以得到有效的回归结果;相比于一步估计(one-step),系统 GMM 的两步估计(two-step)估计结果更为稳健,同时为了解决小样本情况下两步估计存在参数估计值的标准误存在严重低估的问题,本章使用 Windmeijer(2005)修正后的两步估计法,即 Roodman(2009)开发的"xtabond2"程序进行两步系统 GMM 估计。

(4) 考虑到各省区市经济发展所存在的巨大差别,为避免截面单位的异方差所带来的不一致估计问题,本章中参数估计的统计量均采用稳健性(robust)估计量。

(5) 鉴于本章使用的是小样本数据,为了更好地控制工具变量个数,在估计过程中对计量模型添加了 lag 和 collapse 选项,这样能使工具变量的个数尽可能地小于或接近横截面的个数,从而规避工具变量过多所引起的估计偏差问题(Roodman,2009)。

(6) 系统 GMM 方法虽有诸多优点,但使用它并非没有前提条件,在计量分析中,使用系统 GMM 要求不能拒绝以下两个检验的原假设:第一,Arellano-Bond 的自相关检验,其原假设是一阶差分方程中随机误差项不存在二阶序列相关;第二,Hansen 过度识别约束检验,此检验的原假设是所使用的工具变量与误差项是不相关的。如

---

① 以湖北省为例,《中国财政年鉴》中湖北省 2004 年、2005 年、2006 年连续三年财政超收为 0,而笔者所收集湖北省财政厅三年中提交省人大会审议的预算报告中发现,此三年湖北省分别超收 26.68 亿元(9.6%)、34.2 亿元(10%)、49.8 亿元(11.8%)。

果能通过此两项检验,就说明工具变量有效和模型设定正确。

6.4.3 数据来源

考虑到数据可得性、模型变量的标准统一性,本章用30个省区市(西藏除外)2000~2012年共13年的省级平衡面板数据实证分析政治激励和税收计划对预决算偏离的影响。

关于预决算偏离度和税收计划,根据我们的计算公式,要计算出地方政府在2000~2012年预决算偏离度和税收计划,需要知道地方政府每年年初召开人民代表大会时所审议通过的财政预算报告,以及当年度的财政决算。但是完整收集390份预决算报告现实中面临着的较大困难,本章所使用的财政、税收预决算数据来自《中国财政年鉴》(1998~2013年),需要说明的是,(1)《中国财政年鉴》中的财政、税收预算数据是预算执行中调整后的数据,并非年初经本级人大审议通过的预算,即地方政府在预算执行过程中根据税收征收入库进度调整了年初的财政、税收预算;(2)中国有大连、青岛、宁波、厦门、深圳5个计划单列市,计划单列市的财政、税收预决算数据并没有包含在相应的省级数据中,在计算预决算偏离度和税收计划时需要将它们加入。

关于地方政府GDP计划增长目标,本章收集整理了除西藏外30个省区市2000~2012年的390份政府工作报告,虽然绝大部分省级政府在这些年中都明确公布了当年度GDP增长目标,但也有少数年份缺失,如2001年吉林、宁夏和2006年浙江、北京。本章使用的是由各省级政府发展和改革委员会向本级人民代表大会所提交的《国民经济和社会发展计划草案的报告》中年度GDP增长目标;各省级政府年度GDP实际增长速度则来自《中国统计年鉴》(2001~2013年)。

控制变量的原始数据来源自《中国统计年鉴》(2001~2013年)、

第6章 政治激励、税收计划与地方财政收入预决算偏离

新中国60年统计资料汇编、新中国55年统计资料汇编、各省区市统计年鉴和中经网。

6.5 实证结果分析

6.5.1 实证模型回归结果分析

在这一部分，我们将对模型主要的实证回归结果进行汇报，并分析超计划GDP增长对预决算偏离的影响以及税收计划和预决算偏离之间可能存在的非线性关系，表6-2是用系统GMM方法估计式（6.6）的总体回归结果。

表6-2 政治激励、税收计划与地方财政收入预决算偏离的回归结果

变量	1	2	3	4	5	6	7	8
L.RFE	0.305*** (4.726)	0.2193* (1.785)	0.2332*** (3.763)	0.1603* (1.802)	0.306*** (4.974)	0.2480** (2.102)	0.186*** (2.639)	0.1967* (1.657)
Un_gdp	0.746*** (2.9015)		1.093*** (4.7569)	0.577** (1.9949)	0.715*** (3.0162)		0.749** (1.9644)	0.658** (2.0213)
Taxplan		1.3287*** (3.188)	-0.5630*** (-2.880)	0.7257* (1.751)		1.3801*** (4.7456)	-0.3595** (-2.232)	1.0713*** (3.536)
Taxplan^2		-0.033*** (-3.489)		-0.023*** (-3.007)		-0.027*** (-3.025)		-0.035*** (-4.751)
fnh	0.0152 (0.7115)	0.0100 (0.2915)	-0.0803** (-2.0498)	-0.0224 (-0.5668)	0.0102 (0.4594)	0.0360 (0.7371)	-0.0208 (-0.5727)	0.0031 (0.1223)
Urban	0.0741*** (2.6139)	0.1276* (1.8791)	0.1534*** (2.8496)	0.1364** (2.3655)	0.0834*** (3.5622)	0.1246** (2.3113)	0.1873*** (2.6572)	0.1406*** (3.1355)
Open	-0.08*** (-3.971)	-0.019 (-0.407)	0.033 (0.815)	-0.0108 (-0.296)	-0.048** (-2.279)	-0.063 (-1.011)	-0.07*** (-2.849)	-0.039** (-2.044)
Rgdp	3.148*** (3.0550)	-1.217 (-0.775)	-3.449* (-1.765)	-1.976* (-1.585)	0.348 (0.302)	0.818 (0.354)	-0.587 (-0.369)	-1.115 (-1.046)

续表

变量	1	2	3	4	5	6	7	8
Unemp	0.1894 (0.164)	2.7214 + (1.559)	0.6228 (0.669)	1.250 ** (2.361)	0.753 + (1.447)	2.533 * (1.814)	−1.014 (−0.732)	1.253 *** (2.910)
CPI	−0.090 (−0.507)	0.378 (1.163)	−0.133 (−0.770)	0.210 (0.828)	−0.070 (−0.434)	0.411 (1.320)	−0.576 (−0.966)	1.846 ** (2.497)
Year08					3.373 *** (4.137)	1.7533 + (1.518)	2.9579 ** (2.329)	2.227 ** (2.154)
Year	Yes	Yes	Yes	Yes	Yes	Yes	Yes	Yes
N	390	390	390	390	390	390	390	390
AR (1)	0.0003	0.0008	0.0001	0.0007	0.0002	0.0002	0.0000	0.0004
AR (2)	0.1227	0.4893	0.0891	0.8045	0.0891	0.7215	0.0730	0.7452
Hansen test	0.9133	0.1991	0.4838	0.3828	0.6826	0.3060	0.2540	0.8772

注：①+、*、**、*** 分别代表在 15%、10%、5%、1% 的显著性水平；②SYS - GMM 估计系数括号内是 z 检验值；③Hansen 检验和差分序列相关性检验 AR（1）、AR（2）报告的均为统计量的 p 值。

（1）关于超计划 GDP 增长（Un_gdp），从表 6-2 的第 1 列 ~ 第 4 列可以看出，超计划 GDP 增长对地方财政收入预决算偏离度在 1% 或 5% 的显著性水平下有着显著正向影响，这说明地方政府在政治激励之下策略性地影响 GDP 计划增长率，并努力发展经济推动 GDP 的实际增长速度，GDP 超计划增长率越高，地方财政收入预决算偏离情况越明显，即地方财政超收就越多，可以说超计划 GDP 增长为地方政府追求财政超收奠定了经济基础，本章研究假说 H6-1 的合理性得到证实。需要强调的是，由于我国 1994 年《预算法》及其实施细则的制度漏洞使财政超收极易脱离人大监督，相对于年初人大批准的财政收入预算而言，地方政府对财政超收资金拥有较高自由裁量权，地方政府预算约束因此而软化，所以当 GDP 超计划增长带来财政超预收时，地方政府可以将财政超收资金投入基本建设性支出中，进一步促进经济增长，对地方政府官员而言，GDP 超计划增长与财政超收间能实现良性循环。苑德宇（2014）的研究成果表明，当期税收

第 6 章 政治激励、税收计划与地方财政收入预决算偏离

收入预决算偏离正向显著地影响了地方政府投资，而其可能原因就在于地方政府在上级政府以 GDP 为核心指标的考评机制下，地方政府在安排超预算税收收入时，会尽可能多或早地将这部分收入用于能够快速助长本地区 GDP 政府投资项目上，以在短暂任期内捞取更大的政绩。

（2）关于税收计划与预决算偏离之间的非线性关系。我们单独考察税收计划与预决算偏离之间的关系，从第 3 列可以看出，税收计划与预决算偏离之间是负相关关系，且通过了 1% 显著性水平的统计检验，税收计划居然与财政超收之间是负相关关系，这与其他学者的研究结论不一致，周黎安等（2011）发现地税局税收努力与税收收入正相关；马蔡琛（2009）指出税收计划刚性考核导致税收计划执行过程中层层加码进一步诱发了财政超收。长期来看，税务部门的征管努力会面临边际收益递减的制约，而且税务部门在税收计划基数法编制方法与"一票否决制"的刚性考核压力下，存在着利用信息不对称优势来隐匿实际税源，也就是通常所谓"藏富于民"的动机，黄夏岚等（2012）研究发现经济发展水平较高的省份存在税收努力水平和税收能力不匹配的情况，原因在于地方政府在一定程度上操纵其税收努力水平，我们认为税收计划与预决算偏离不是简单的线性关系，更可能存在非线性关系。

为了捕捉税收计划与预决算偏离之间的非线性关系，我们加入了税收计划平方项，从第 4 列可以看出，税收计划平方项与预决算偏离之间的倒"U"形关系在 1% 显著性水平下显著，研究假说 H6-2 的合理性得到一定程度验证，说明税务部门在税收计划压力下会提高税收努力程度，加强征管，实现税收快速增长，以至于超年初税收收入预算。税收计划与预决算偏离之间倒"U"形关系的转折点大约在 15.5% 和 15.22%（控制预算稳定基金），地方政府对税务部门完成税收计划的刚性考核压力超过一定强度时，地方财政超收开始出现下降趋势。对于税收计划与预决算偏离之间的倒"U"形关系，我们认

为可能原因有两点:

第一,我国税收计划的编制方法是"基数法",税务部门本年度超预算征收的税收很有可能直接纳入下一个预算年度的税收计划基数,显著增加了税务部门完成下一个预算年度税收计划的工作难度,而税收计划作为必须完成的政治任务,一旦确定就成为税务部门在预算年度内的奋斗目标与绩效考核的核心指标,是否顺利完成直接关系税务部门领导与工作人员的晋升和物质奖励,所以理性的税务部门在完成年度税收计划之后有激励去"藏富于民",不仅可以减轻下一年度税收计划压力也为完成下一个年度税收计划储备了税源。

第二,地方政府在"中国式分权"治理模式下有激励去实施扩张偏向的政策(方红生、张军,2009),其关键在于地方政府能够通过"财力集中"来筹集到预算外和制度外收入去突破金融约束,中国地方政府预算内软约束和预算外无约束(平新乔、白洁,2006)为地方政府突破预算限制提供了制度空间。就人大监督地方政府分配财政资源行为的有效控制程度而言,由于1994年《预算法》及其实施细则对财政超收的使用和地方预算调整的规定不尽完善,财政超收资金的使用实际上很容易游离于人大监督视野之外。当地方政府在经济衰退期实施比经济繁荣期更积极的财政政策时,财政支出规模自然是相比于平时迅速扩张,但只有财政收入规模同步扩张才能支撑地方政府去执行逆周期的财政政策,地方政府对税收征收入库的规模和进度自然非常关心,[①] 而且税收是依法征收,相比于预算外收入和制度外收入无论是社会观感还是纳税人遵从度都比较高,所以在经济衰退期税务部门面临的税收计划刚性压力会增强很多,但问题在于此时受经济大环境的影响,税务部门若想征收同等税收需要付出更多的努

---

① 以黑龙江省为例,面对2008年国际金融危机所造成的严峻财政收支压力,在总结完成2009年的税收计划的预算报告中就有"面对前所未有的压力,全省各级政府及财税部门自我加压,顽强拼搏,逐月抓进度,按季保增长,超额完成了收入任务"经验表述;地方主政官员在经济衰退期,召开财税工作会议的次数也比平时增加,这同样会增加税务部门的税收任务压力。

第6章 政治激励、税收计划与地方财政收入预决算偏离

力,甚至征收"过头税"才能完成税收计划。

对于控制变量,我们发现:

(1) 城市化(Urban)在5%显著性水平上显著为正,这与曹广忠等(2007)的发现一致,城市化可能会增加地方财政超收在一定程度上也证实了吕冰洋和郭庆旺(2011)的结论。在我国处于城市化红利释放期的经济发展阶段,城市化进程加快需要大量商品住房与基础设施投资,这就推动了建筑业和租赁业、房地产业的繁荣,进而带来营业税收入快速增长的理论预期。

(2) 开放度(Open)的符号为负且通过了1%或5%显著性水平的统计检验,可能的原因在于地方政府为了吸引有价值经济资源的流入,尤其是外商直接投资(FDI)而展开了激烈的税收竞争,FDI的资本流动性较强,地方政府为吸引FDI流入本辖区会竞相提供各种税收优惠。李永友、沈坤荣(2008)的研究成果表明,税收是地方政府进行粗放式价格竞争的主要手段,但粗放式税价竞争直接导致了辖区政府财力紧张,这种现象在经济落后和竞争激烈的地区表现得更为明显。

(3) 失业率(Unemp)符号为正且通过了5%或1%显著性水平的检验,这与Bischoff(2010)的发现一致,可能原因在于当地方政府预期到经济形势恶化时,如果年初预算估计过高而未能完成税收计划,地方政府只能选择加强税收计划、压缩职能部门年初预算或者举借地方债,这些选择无论对地方政府官员还是财政税务部门来说,比起年初低估财政收入预算,无疑要付出更多的政治成本和主动权,当经济形势恶化时,地方政府和财税部门更倾向于低估财政收入。①

(4) 通货膨胀率(CPI)对地方财政超预算收入有显著的正向影

---

① 例如,在2008年金融危机中,就笔者收集到的《关于××省2008年预算执行情况和2009年预算草案的报告》中大多会提高"全省财政收支将面临更严峻的形势",国务院《关于编制2009年中央预算和地方预算的通知》也明确要求"收入预算编制要实事求是、积极稳妥,充分考虑各种税收政策调整因素,与2009年国内生产总值等经济预期发展情况相适应"。

响,符号与周黎安等(2011)的发现一致,可能原因在于我国的财政收入以增值税、消费税、营业税等间接税为主,而且企业所得税、个人所得税实行累进所得税制,通货膨胀率较高会放大纳税人的纳税能力;经济发展水平(Lnrgdp)在15%显著性水平上为负,这与曹广忠等(2007)的发现一致;非农化(Pnonagri)的符号为负,但并不显著。

6.5.2 控制预算稳定调节基金虚拟变量的回归结果

鉴于财政超收连年持续,并导致财政超收与超支之间的"直通车"问题,不利于发挥人大的预算监督职能,为了规范财政超收收入的分配和使用,约束政府部门对财政超收的自由裁量权,自2008年起,中央财政引入了预算稳定调节基金制度,各地方政府也发布了本级预算稳定基金管理办法。本章为考察预算稳定调节基金对预决算偏离的影响而引入了Year08的虚拟变量,对于2008~2012年安排预算稳定基金的省份赋值为1,其余全部为0,具体的回归结果看表6-2中的第5列~第8列。从表6-2中可以看出,超计划GDP、税收计划及其平方项与没有添加Year08虚拟变量相比基本一致,本意为控制地方财政收入预决算偏离的预算稳定调节基金两者间却是显著的正相关关系,我们认为可能原因有以下几个:

(1)地方预算稳定调节基金的资金主要来源是财政超收,无财政超收,年初预算安排中亦无从调出预算稳定基金,预算稳定基金更多发挥的是财政储备功能而非控制功能。

(2)年度预算执行中地方政府须动用本级预算稳定调节基金时,多由财政部门编制使用计划报政府部门批准,同时通报本级人大财经委员或报人大财经委员会备案,人大的预算监督作用实质上被弱化。

(3)预算稳定基金的使用方向,以贵州省《省级预算稳定基金管理办法》为例,六类使用方向中有两类为"事关经济社会长远发

第6章 政治激励、税收计划与地方财政收入预决算偏离

展的基础性建设项目与解决省委、省政府议定的其他紧急事宜",财政超收的自由裁量权并未受到根本性约束,此类规定几乎为各地各级政府预算稳定调节基金管理办法中的必备条款。

6.6 稳健性检验

为了进一步验证表6-2回归结果的稳健性,本章从以下两个方面进行稳健性检验:第一,关于预决算偏离的定义,我们分别选用人均财政超收的对数值和财政超收总额的对数值来代替预决算偏离度;第二,考虑到税收计划是本章关注的核心解释变量,地方财政收入包括税收与非税两部分,使用税收预决算偏离度代替财政收入预决算偏离度,两种稳健性检验的回归结果如表6-3所示。

表6-3　　　　　　稳健性检验回归结果

变量	1	2	3	4	5	6
L.RFE	0.2299** (2.4000)	0.1882* (1.7263)	0.1901** (2.2298)	0.1386* (1.6689)	0.1145* (1.7335)	0.1053* (1.6728)
Un_gdp	0.1586*** (3.8505)	0.0988** (2.2652)	0.1840*** (4.5602)	0.1262*** (4.2907)	1.0094*** (4.6893)	0.7984*** (2.6943)
Taxplan	-0.0508*** (-2.9604)	0.1348** (2.0703)	-0.0714*** (-3.6894)	0.1132* (1.8478)	-0.2761** (-2.1249)	0.4892+ (1.5224)
Taxplan^2		-0.0045*** (-2.6279)		-0.0040*** (-2.6978)		-0.0225*** (-2.6910)
Pnonagri	-0.0100 (-0.8864)	-0.0024 (-0.2479)	-0.0205** (-2.0865)	-0.0080* (-1.7087)	-0.0661* (-1.6685)	-0.0883** (-2.1820)
Urban	0.0194*** (3.2284)	0.0327+ (1.4949)	-0.0048 (-0.4916)	0.0092 (0.8248)	0.0751 (1.0279)	0.2433*** (2.6416)
Open	0.0075 (0.8169)	-0.0027 (-0.2563)	0.0232** (2.4773)	0.0031 (1.0010)	0.0623+ (1.4899)	0.0402 (0.7393)
Rgdp	0.1209 (0.3009)	0.1825 (0.4514)	-0.0116 (-0.0235)	0.4863* (1.8004)	-3.0697* (-1.7552)	-4.6638 (-0.8946)

续表

变量	1	2	3	4	5	6
Unemp	0.0728 (0.3775)	0.2024* (1.9300)	0.1945 (0.9045)	0.2376* (1.9102)	1.3020 (1.4342)	3.8569⁺ (1.5802)
CPI	-0.0438* (-1.8326)	0.0156 (0.3349)	-0.0470* (-1.8633)	0.0127 (0.3360)	-0.1845 (-0.7038)	-0.4275 (-0.4774)
Year	Yes	Yes	Yes	Yes	Yes	Yes
N	371	371	371	371	390	390
AR (1)	0.0006	0.0023	0.0003	0.0015	0.0001	0.0018
AR (2)	0.8790	0.7681	0.8472	0.7202	0.9936	0.5187
Hasen test	0.2949	0.3696	0.4185	0.4779	0.1038	0.8221

注：①⁺、*、**、*** 分别代表在 15%、10%、5%、1% 的显著性水平；②SYS - GMM 估计系数括号内是 Z 检验值；③Hansen 检验和差分序列相关性检验 AR（1）、AR（2）报告的均为统计量的 P 值。

就我们关心的核心解释变量，超计划 GDP 增长、税收计划及其平方项而言，它们的符号与前面估计结果一致，也符合本章研究假说的预期。GDP 超计划增长在 1% 显著性水平下显著，与前面相比显著性程度有所增强，超计划 GDP 增长确实为地方政府追求财政超收奠定了经济基础，研究假说 H6-1 仍旧成立；税收计划与财政超收之间负相关关系在三项稳健性检验中仍然成立，且能够通过 5% 或 1% 显著性水平的假设检验；税收计划与财政超收的倒"U"形关系同样成立，且均通过 1% 显著性水平的假设检验，从三项稳健性检验的回归结果来看，我们的理论假说 H6-2 具有一定合理性和稳定性。

就控制变量而言，表 6-3 与表 6-2 最明显的不同就是非农化变量与财政超收是负相关关系，且通过 10% 或 5% 显著性水平的统计检验，非农化与财政超收负相关关系就直觉而言不易接受，我们认为这种负相关关系可能反映出地方预算管理复杂现实。方红生和张军（2013）发现产业结构优化是税收超 GDP 增长的主要渠道，所以地方政府在预算执行过程中可能会因高税行业发展带来税收超年初预算增长时就可能调整、追加年初收入预算，考虑到预决算偏离的分母为财政收入预算,而税收超 GDP 的研究对象是分子财政决算收入,综合而言,非农化与财政超收间可能会呈现负相关关系。

6.7 小　　结

跨年度预算平衡机制是今后几年全面建设现代预算制度中推进重点,准确可靠的收入预测能力是实现跨年度预算平衡的基本条件。回顾 1994 年分税制改革以来地方政府预算编制、预算执行的实践历程却发现年初预算编制不准确,预算执行中随意调整年初税收计划,财政超收与超支之间"直通车"现象,这些问题集中表现为地方财政收入预决算偏离。从国外经验看,地方官员出于竞选连任的政治动机会操纵收入预测,扩大财政支出自由裁量权,结果是政府债务不断积累。地方政府自发自还地方债具有规范化、透明化、低融资成本的优势,有利于化解地方政府通过投融资平台公司这种隐形负债方式所蕴藏的财政风险,新《预算法》修正案已经赋予地方政府举债权,找出制约预算编制科学性、预算执行规范性的因素,有利于防范其成为地方债务积累的渠道,也有助于建立现代预算制度。

本章以政治激励和税收努力为理论基础,运用 2000～2012 年省级平衡面板数据构建了动态实证模型,并使用系统 GMM 方法着重分析超计划 GDP 增长和税收计划对地方财政收入预决算偏离的影响,主要结论如下:

(1) 财政收入预算编制主要依据是 GDP 计划增长率,地方官员政绩考核主要指标是 GDP 实际增长率,地方官员有动机来策略性地影响两种 GDP 增长率,GDP 超计划增长奠定了地方政府追求财政超预算收入的经济基础。

(2) 税务部门在税收征管中面临着依法治税和税收计划两种约束,真正具有硬约束力的是税收计划,因为税务部门是否完成税收计划直接关系到职务晋升和物质奖励。其他学者已经注意到税务部门主观努力程度与税收计划考核强度的紧密联系，认为税务部门在税收计划刚性考核压力下会加强征管，但缺乏定量证据支撑；本章认为地方政府与税务部门之间存在委托代理关系，在基数法预算编制方法与刚性考核压力下，税务部门存在利用信息不对称优势隐匿真实税源的逆向激励，税收计划与财政超收之间并不一定是线性关系，本章发现两者之间是倒"U"形关系。

中国地方财政
收入预决算偏离
问题研究
Chapter 7

第7章 研究结论与政策建议

第 7 章 研究结论与政策建议

7.1 研究结论

经过三十多年的年均10%的高速增长之后，中国经济开始进入以中高速增长为主要特征的经济发展"新常态"，经济增长速度的下降直接影响到政府可支配的新增财力，人民群众对于改善教育、医疗、环境保护等民生性公共需求日益旺盛，适应、引领"新常态"又必须进行经济结构调整，"新常态"下财政支出的刚性增长和财政收入增速缓慢之间的矛盾与冲突将更加激烈，财政紧约束时代即将到来，要求我们对现行预算管理制度进行全面深化改革。党的十八届三中全会提出要建立现代财政制度的改革目标，现代预算制度是现代财政制度的基础，跨年度预算平衡机制是今后几年全面建设现代预算制度中的推进重点，准确可靠的收入预测能力是实现跨年度预算平衡的基本条件。回顾1994年分税制改革以来地方政府预算编制、预算执行的实践历程却发现年初预算编制不准确，预算执行中随意调整年初税收计划，财政超收与超支之间"直通车"现象，这些问题集中表现为地方财政收入预决算偏离。从国外经验看，地方官员出于竞选连任的政治动机会操纵收入预测，扩大财政支出自由裁量权，结果是政府债务不断积累。地方政府自发自还地方债具有规范化、透明化、低融资成本的优势，有利于化解地方政府通过投融资平台公司这种隐性负债方式所蕴藏的财政风险，新《预算法》修正案已经赋予地方政府举债权。找出制约预算编制科学性、预算执行规范性的因素，有利于防范其成为地方债务积累的渠道，也有助于建立现代预算制度。

以往学者在研究预决算偏离原因时多注重预算制度漏洞的影响，且多为理论性的论述，缺乏经验分析证据的支撑，本书利用省级平衡面板数据，着重从制度视角分析预决算偏离问题，我们主要的研究结论如下：

（1）财政收入预算编制主要依据是 GDP 计划增长率，地方官员政绩考核主要指标是 GDP 实际增长率，地方官员出于规避不能完成 GDP 计划增长率所带来的政治风险考虑，有动机会策略性地低估 GDP 计划增长率，同时在政治晋升激励下会努力发展辖区经济，从而向上级政府传递其发展和治理能力良好的信号，GDP 超计划增长为地方官员追求财政超收奠定了经济基础。

（2）分税制改革后中央加强财政集权，地方政府面临着巨大的财政支出压力，财政收入最大化成为地方政府重要目标，随着中央"财力集中"的力度不断加强，地方政府加强征管，提高征管效率，财政超收作为税收高速增长的结果亦属自然。

（3）地方政府增加财政收入的另一渠道是发展制造业、房地产业与服务业等高税行业，在经济发展中扩大税基，高税行业的发展带来税收快速增长，在税收征收好于年初预期情况下，地方政府可能调整年初预算追求超支，非农化与财政超收之间是负相关关系。

（4）财政收入最大化和政治晋升机会最大化激励着地方官员致力于辖区 GDP 的高速增长，其中流动性较强的资本要素是最为稀缺的经济资源，地方政府为吸引生产性的资本要素到本辖区投资，倾向于提供各种税收优惠以降低资本的实际税负，并建设良好的基础设施，地方政府间白热化的税价（率）竞争严重限制着地方政府的财政汲取能力，我们发现地方政府竞争与预决算偏离度之间是负相关关系。

（5）地方政府间的税收竞争和财政支出竞争对地方财政造成沉重财政压力，地方政府在财政压力之下倾向于利用其土地垄断供给者的身份，通过协议转让的低价方式提供工业用地，以"招、拍、挂"的方式高价转让房地产业、商业用地，制造业的发展具有强大的溢出效应，联动着交通运输业、建筑业、住房房地产、商业房地产等行业的发展，地方政府在高税行业的发展可以得到增值税、企业所得税、营业税、契税等税收收益，以及土地出让金。由于财政收入的增长好

第 7 章 研究结论与政策建议

于年初预算,地方政府会调整、追加年初收入预算以追求财政超支,我们发现年度预算内的财政收支差异压力与预决算偏离之间是负相关关系。

(6) 预算年度内的财政收支差异压力与预决算偏离之间的负相关关系,主要是基于地方政府在预算执行过程中会调整年初财政收入预算而得出的,从稳健性考虑,我们使用跨越预算年度的财政决算支出的增长压力,来验证我们的推论,结果表明财政支出增长压力与预决算偏离之间是正相关关系。

(7) 税务部门在日常税收管理中面临着依法征税和税收计划两个约束,真正具有硬约束力的是税收计划,因为税务部门是否完成税收计划直接关系到职务晋升和物资奖励。以往学者在分析财政超收时多注意到税收计划执行中"层层加码"这种不规范现象对预决算偏离的影响,本书研究发现税务部门在政绩考核压力之下会提高税收努力程度、加强征管,这为其他学者关于税收任务与预决算偏离之间的正相关性提供了实证证据支持。为了解决税收任务可能存在的内生性问题,使用地税局本科以上学历人数作为税收任务的工具变量进行回归,发现税收任务的重要性在最小二乘法的回归中被低估。

(8) 税务部门在税收计划刚性考核压力下虽然会提高税收努力程度,但税收计划的编制方法是基数法,今年税收计划完成越好也就意味着下一年的税收任务越重。由于地方政府和税务部门之间在税收征管关系方面是委托代理关系,税务部门存在利用信息不对称优势隐匿真实税源的逆向激励,税收计划与财政超收之间并不一定是线性关系,本书发现两者之间是倒"U"形关系。

7.2 政策建议

本书的发现为提高财政收入预算编制的科学性,规范预算执行,最终建立现代预算管理制度具有一定的政策启示意义。

（1）政治因素是造成预决算偏离的重要原因，GDP预测作为一项技术性工作，完全可以考虑由独立性第三方提供，并不一定由地方政府来完成，如向大型金融机构、民间研究机构购买GDP预测服务，这些独立性较强的预测机构能更好地保证GDP预测的客观性、准确性。

（2）由于《预算法》及其实施细则所存在的制度漏洞，财政超收游离于人大监督视野之外，不仅财政资金使用效率难以保证，也使预算法治性处于尴尬境地。就加强人大监督职能而言，首先，改变人大监督财政超收时无法可依的状况，新《预算法》修正案已经注意到此问题，各级人大可依照新《预算法》关于财政超收的有关规定严格监督地方政府是否依法使用；其次，强化人大在政府部门编制收入预算时的事前参与度，提高预算编制的精细化、科学化。

（3）中央加强财政集权激发了地方政府加强税收征管，提高征管效率，但也带来了税收收入预测演变成必须完成政治任务的弊端，税务部门征收"过头税"与"藏富于民"不仅与依法治税原则相违背，也抑制了政府"逆周期"调控政策的效果，需要理顺中央与地方间财政分配关系，实现财力与支出责任相互匹配。

（4）税收计划应当回归到它只是税务部门对下一个预算年度内税收收入规模指导性、预测性的本质特征，只作为税务部门征税过程中的参照对象，也就是说税收计划由约束性转型为预期性。税收计划作为政府预算的重要组成部分是有必要保留的，而附加在税收计划上的压力型政绩考核机制应当被取消，尤其要严格禁止地方政府在预算执行过程中根据征税进度和财政支出压力等情况临时调整追加税收计划的行为。

（5）税收计划的压力型绩效考核机制被取消后，实际上对税务部门的税收预测工作和征管效率提出了更高的要求，税务部门对此应有清醒的认识；税务部门今后更要深刻把握经济发展情况、税源变动

第 7 章　研究结论与政策建议

情况以及税收政策调整情况会对税收收入趋势产生何种影响，逐步提高税收预测能力，为政府职能部门履行职能提供财力保障；此外，税务部门今后在税收征管过程中应切实做到依法征收、应收尽收，逐步提高征税能力建设和税务人员队伍的综合素质。

（6）地方官员人为操纵税收计划的重要动机是财政超收不能跨越预算年度安排，在中期财政规划的制度建设中有必要允许地方政府将财政超收在不同预算年度间自主安排。

参考文献

[1] 安体富. 如何看待近几年我国税收的超常增长和减税的问题[J]. 税务研究, 2002(8): 10-17.

[2] [美]安东尼·唐斯. 民主的经济理论[M]. 上海: 上海世纪出版集团, 2005.

[3] 陈海霞. 从我国税收超经济增长现象看税收计划问题[J]. 税务研究, 2008(9): 12-15.

[4] 曹广忠, 袁飞, 陶然. 土地财政、产业结构演变与税收超常规增长——中国"税收增长之谜"的一个分析视角[J]. 中国工业经济, 2007(12): 13-21.

[5] 崔兴芳, 樊勇, 吕冰洋. 税收征管效率提高测算及对税收增长的影响[J]. 税务研究, 2006(4): 7-11.

[6] 陈东, 刘金东. 从税收征管角度看我国税收超GDP增长——基于随机生产前沿模型的实证分析[J]. 中南财经政法大学学报, 2013(1): 59-65.

[7] 范子英, 田彬彬. 税收竞争、税收执法与企业避税[J]. 经济研究, 2013(9): 99-112.

[8] 方红生, 张军. "财力集中"、援助之手与中国税收超GDP增长[J]. 经济研究, 2013(3): 108-121.

[9] 方红生, 张军. 中国地方政府竞争、预算软约束与扩张偏向的财政行为[J]. 经济研究, 2009(12): 4-16.

[10] 傅勇, 张晏. 中国式分权与财政支出结构偏向: 为增长而

竞争的代价 [J]. 管理世界, 2007 (3): 4-12.

[11] 傅勇. 中国式分权与地方政府行为: 探索转变发展模式的制度性框架 [M]. 上海: 复旦大学出版社, 2010.

[12] 付文林. 财政分权、财政竞争与经济绩效 [M]. 北京: 高等教育出版社, 2011.

[13] 冯海波. 计划型税收收入增长机制的形成机理及其影响 [J]. 税务研究, 2009 (10): 28-31.

[14] 郭庆旺, 吕冰洋. 经济增长与产业结构调整对税收增长的影响 [J]. 涉外税务, 2004 (9): 11-16.

[15] 高培勇. 中国税收持续高速增长之谜 [J]. 经济研究, 2006 (12): 13-23.

[16] 高培勇. 关注预决算偏离度 [J]. 涉外税务, 2008 (1): 5-6.

[17] 高培勇. 坦然面对财政收入增速下滑 [N]. 光明日报, 2013-04-26.

[18] 郭杰, 李涛. 中国地方政府间税收竞争研究——基于中国省级面板数据的经验证据 [J]. 管理世界, 2009 (11): 54-73.

[19] [美] 戈登·塔洛克. 官僚体制的政治 [M]. 北京: 商务印书馆, 2010.

[20] 黄夏岚, 胡祖铨, 刘怡. 税收能力、税收努力与地区税负差异 [J]. 经济科学, 2012 (4): 80-90.

[21] 黄纯纯, 周业安. 地方政府竞争理论的起源、发展及其局限 [J]. 中国人民大学学报, 2011 (3): 97-103.

[22] 贾康, 刘尚希, 吴晓娟, 史兴旺. 怎样看待税收的增长和减税的主张——从另一个角度的理论分析与思考 [J]. 管理世界, 2002 (7): 24-30.

[23] 贾莎. 税收"超常增长"之谜: 基于产业结构变迁的视角 [J]. 财政研究, 2012 (3): 34-36.

[24] 贾智莲, 卢洪友. 税收努力、环境差异与地方政府财政汲取能力——基于中国省级数据的实证研究 [J]. 财经论丛, 2009 (9): 26-33.

[25] 贾俊雪. 税收激励、企业有效平均税率与企业进入 [J]. 经济研究, 2014 (7): 94-109.

[26] [美] 詹姆斯·M. 布坎南. 公共物品的需求与供给 [M]. 上海: 上海人民出版社, 2009.

[27] [美] 詹姆斯·M. 布坎南. 自由、市场和国家 [M]. 北京: 北京经济学院出版社, 1988.

[28] 楼继伟. 建立现代财政制度 [J]. 中国财政, 2014 (1): 10-12.

[29] 吕冰洋. 政府间税收分权的配置选择和财政影响 [J]. 经济研究, 2009 (6): 16-27.

[30] 吕冰洋, 樊勇. 分税制改革以来税收征管效率的进步和省际差别 [J]. 世界经济, 2006 (10): 69-77.

[31] 吕冰洋, 郭庆旺. 中国税收高速增长的源泉: 税收能力和税收努力框架下的解释 [J]. 中国社会科学, 2011 (2): 76-90.

[32] 吕冰洋, 李峰. 中国税收超 GDP 增长之谜的实证解释 [J]. 财贸经济, 2007 (3): 29-36.

[33] 林挺进. 中国地级市市长职位升迁的经济逻辑分析 [J]. 公共管理学报, 2008, 5 (1): 45-58.

[34] 梁若冰. 财政分权下的晋升激励、部门利益与土地违法 [J]. 经济学 (季刊), 2009, 9 (1): 283-306.

[35] 廖家勤. 优化地方预算编制权力结构探析 [J]. 财政研究, 2013 (12): 67-70.

[36] 廖家勤, 宁扬. 防范地方政府债务风险的预算平衡机制创新研究 [J]. 当代财经, 2014 (9): 28-35.

[37] 刘穷志, 卢盛峰, 陈思霞. 税权分配与税收征管效率——基

于中国省际面板数据的实证分析［J］．经济评论，2009（5）：60－67．

［38］李明，毛捷，杨志勇．纵向竞争、税权配置与中国财政收入占比变化［J］．管理世界，2014（5）：52－66．

［39］李永友，沈坤荣．辖区间竞争、策略性财政政策与 FDI 增长绩效的区域特征［J］．经济研究，2008（5）：58－69．

［40］李涛，黄纯纯，周业安．税收、税收竞争与中国经济增长［J］．世界经济，2011（4）：22－40．

［41］李涛，周业安．中国地方政府间支出竞争研究——基于中国省级面板数据的经验证据［J］．管理世界，2009（2）：12－22．

［42］李建军，肖育才．税收征管存在"粘蝇纸"效应吗［J］．南开经济研究，2012（2）：55－66．

［43］龙小宁，朱艳丽，蔡伟贤，李少民．基于空间计量模型的中国县级政府间税收竞争实证分析［J］．经济研究，2014（8）：41－53．

［44］刘剑文，侯卓．论预算的拘束力与执行力——对超收预算收入与突击支出的审思［J］．中国青年政治学院学报，2012（4）：118－124．

［45］罗长远，张军．劳动收入占比下降的经济学解释——基于中国省级面板数据的分析［J］．管理世界，2009（5）：25－35．

［46］陆军等．税收竞争与区域城镇化——以京津冀为例［M］．北京：商务印书馆，2011．

［47］逯东，孙岩，周玮，杨丹．地方政府政绩诉求、政府控制权与公司价值研究［J］．经济研究，2014（1）：56－68．

［48］林慕华．中国钱袋子权力的突破：预算修正权［J］．甘肃政法学院学报，2009（11）：144－149．

［49］林慕华，马骏．中国地方人民代表大会预算监督制度研究［J］．中国社会科学，2012（6）：73－90．

[50] 马蔡琛. 中国政府预算超收资金的形成机理与治理对策[J]. 财贸经济, 2009 (4): 18-22.

[51] 马岭. 我国预算大幅"超收"的法律原因评析[J]. 法学, 2010 (9): 38-46.

[52] 马骏, 周超, 於莉. 尼斯坎南模型: 理论争论与经验研究[J]. 武汉大学学报(哲学社会科学版), 2005 (5): 674-680.

[53] 马骏, 於莉. 中国的核心预算机构研究——以中部某省会城市为例[J]. 华中师范大学学报, 2007 (3): 17-25.

[54] 平新乔, 白洁. 中国财政分权与地方财公共品的供给[J]. 2006 (2): 49-56.

[55] 皮建才. 中国式分权下的地方官员治理研究[J]. 经济研究, 2012 (10): 14-26.

[56] 乔宝云, 范剑勇, 彭骥鸣. 政府间转移支付与地方财政努力[J]. 管理世界, 2006 (3): 50-56.

[57] 乔宝云, 范剑勇, 冯兴元. 中国财政分权与小学义务教育[J]. 中国社会科学, 2005 (6): 37-46.

[58] 钱先航, 曹廷求, 李维安. 晋升压力、官员任期与城市商业银行的贷款行为[J]. 经济研究, 2011 (12): 72-85.

[59] 钱先航. 官员任期、政治关联与城市商业银行的贷款投放[J]. 经济科学, 2012 (2): 89-101.

[60] 孙玉栋, 吴哲方. 我国预算执行中超收超支的形成机制及治理[J]. 南京审计学院学报, 2014 (4): 1-12.

[61] 沈坤荣, 付文林. 税收竞争、地区博弈及其增长绩效[J]. 经济研究, 2006 (6): 16-26.

[62] 孙秀林, 周飞舟. 土地财政与分税制: 一个实证解释[J]. 中国社会科学, 2013 (4): 40-59.

[63] 舒元, 徐现祥. 中国经济增长模型的设定: 1952~1998[J]. 经济研究, 2002 (11): 3-13, 63, 92.

[64] 宋小宁，杨治国. 农地征用、财政分权与制造业发展 [J]. 经济社会体制比较，2008（6）：102-106.

[65] 陶然，苏福兵，陆曦，朱昱铭. 经济增长能够带来晋升吗？——对晋升锦标赛理论的逻辑挑战与省级实证重估 [J]. 管理世界，2010（12）：13-26.

[66] 陶然，袁飞，曹广忠. 区域竞争、土地出让与地方财政效应：基于1999～2003年中国地级市城市面板数据的分析 [J]. 世界经济，2007（10）：15-27.

[67] 陶然，陆曦，苏福兵，汪晖. 地区竞争格局演变下的中国转轨：财政激励和发展模式反思 [J]. 经济研究，2009（7）：21-33.

[68] 汤玉刚，苑程浩. 不完全税权、政府竞争与税收增长 [J]. 经济学（季刊），2010，10（1）：33-50.

[69] 汤玉刚. 中国式分权的一个理论探索——横向与纵向政府间财政互动及其经济后果 [M]. 北京：经济管理出版社，2012.

[70] 唐登山，吴宏. 税收增速大于GDP增速的产业结构分析 [J]. 数量经济技术经济研究，2008（10）：108-118.

[71] 汪冲. 资本积聚、税收互动与纵向税收竞争 [J]. 经济学（季刊），2011，11（1）：19-38.

[72] 王贤彬，徐现祥. 地方官员来源、去向、任期与经济增长——来自中国省长省委书记的证据 [J]. 管理世界，2008（3）：16-26.

[73] 王佳杰，童锦治，李星. 税收竞争、财政支出压力与地方非税收入增长 [J]. 财贸经济，2014（5）：27-38.

[74] 王银梅. 官僚预算最大化理论与财政超收问题探析 [J]. 财政研究，2012（2）：46-49.

[75] 王剑锋. 中央集权型税收高增长路径：理论与实证分析 [J]. 管理世界，2008（7）：45-52.

[76] 王蕴. 财政超收条件下的预算政策研究 [J]. 宏观经济研究, 2009 (8): 24-29.

[77] [美] 威廉姆·A. 尼斯坎南. 官僚制与公共经济学 [M]. 北京: 中国青年出版社, 2004.

[78] 乌兰, 付爱兰. 预算民主视角下中国财政超收问题研究 [J]. 贵州社会科学, 2013 (5): 134-137.

[79] 魏陆. 人大预算修正权困境研究 [J]. 社会科学, 2014 (12): 28-36.

[80] 徐阳光. 收入预测与预算法治——预决算收入偏差的法律评估 [J]. 社会科学, 2011 (4): 43-51.

[81] 徐现祥, 王贤彬. 晋升激励与经济增长: 来自中国省级官员的证据 [J]. 世界经济, 2010 (2): 15-36.

[82] 徐现祥, 王贤彬, 舒元. 官员交流与经济增长——来自中国省长、省委书记交流的证据 [J]. 经济研究, 2007 (9): 18-31.

[83] 徐现祥, 梁剑雄. 经济增长目标的策略性调整 [J]. 经济研究, 2014 (1): 27-41.

[84] 杨君, 王珺. 地方官员政治承诺可信度及其行动逻辑——来自副省级城市政府年度工作报告 (2002-2011) 的经验证据 [J]. 中山大学学报 (社会科学版), 2014, 54 (1): 165-182.

[85] 於莉. 省会城市预算过程中的党政首长的作用与影响——基于三个省会城市的研究 [J]. 公共管理学报, 2007, 4 (1): 56-61, 123.

[86] 杨海生, 罗党论, 陈少凌. 资源禀赋、官员交流与经济增长 [J]. 管理世界, 2010 (5): 17-26.

[87] 杨海生, 陈少凌, 周勇章. 地方政府竞争与环境政策——来自中国省份的证据 [J]. 南方经济, 2008 (6): 15-30.

[88] 杨志勇. 我国中期财政规划改革: 基本方向与主要问题 [J]. 中国财政, 2014 (11): 15-17.

[89] 杨得前. 我国税收征管效率的动态评价: 1997~2007——基于Malmquist指数的分析方法 [J]. 当代财经, 2010 (8): 20-25.

[90] 苑德宇. 地方政府投资的决定因素研究: 基于税收预决算偏离的视角 [J]. 世界经济, 2014 (8): 173-192.

[91] 杨灿明, 孙群力. 中国各地区隐形经济的规模、原因和影响 [J]. 经济研究, 2010 (4): 93-106.

[92] 杨其静, 聂辉华. 保护市场的联邦主义及其批判 [J]. 经济研究, 2008 (3): 99-114.

[93] 袁浩然. 大国地方政府间税收竞争研究: 基于中国经验的实证分析 [M]. 上海: 格致出版社, 2013.

[94] 姚洋, 张牧扬. 官员绩效与晋升锦标赛——来自城市的证据 [J]. 经济研究, 2013 (1): 137-150.

[95] 于文超, 何勤英. 辖区经济增长绩效与环境污染事故——基于官员政绩诉求的视角 [J]. 世界经济文汇, 2013 (2): 20-35.

[96] 张尔升. 地方官员的企业背景与经济增长——来自中国省委书记、省长的证据 [J]. 中国工业经济, 2010 (3): 129-138.

[97] 中国经济增长前沿课题组. 城市化、财政扩张与经济增长 [J]. 经济研究, 2011 (11): 4-20.

[98] 周飞舟. 大兴土木: 土地财政与地方政府行为 [J]. 经济社会体制比较, 2010 (3): 77-89.

[99] 周飞舟. 生财有道: 土地开发和转让中的政府和农民 [J]. 社会学研究, 2007 (1): 49-82.

[100] 周飞舟. 分税制十年: 制度及其影响 [J]. 中国社会科学, 2006 (6): 100-115.

[101] 周黎安. 晋升博弈中政府官员的激励与合作——兼论我国地方保护主义和重复建设问题长期存在的原因 [J]. 经济研究, 2004 (6): 33-40.

[102] 周黎安. 中国地方官员的晋升锦标赛模式研究 [J]. 经

济研究,2007(7):36-50.

[103] 周黎安,李宏彬,陈烨.相对绩效考核:中国地方官员晋升机制的一项经验研究[J].经济学报,2005(1):83-96.

[104] 周黎安.转型中的地方政府:官员激励与治理[M].上海:格致出版社,2008.

[105] 周黎安,刘冲,厉行.税收努力、征税机构与税收增长之谜[J].经济学(季刊),2011,11(1):1-18.

[106] 张璟,沈坤荣.地方政府干预、区域金融发展与中国经济增长方式转型——基于财政分权背景的实证研究[J].南开经济研究,2008(6):122-141.

[107] 郑磊.财政分权、政府竞争与公共支出结构——基于政府教育支出比重的影响因素分析[J].经济科学,2008(1):28-40.

[108] 张军.中国经济发展:为增长而竞争[J].世界经济文汇,2005(4):101-105.

[109] 张军,周黎安.为增长而竞争:中国增长的政治经济学[M].上海:格致出版社,2008.

[110] 张军,高远.官员任期、异地交流与经济增长——来自省级经验的证据[J].经济研究,2007(11):91-103.

[111] 张军,高远,傅勇,张弘.中国为什么拥有了良好的基础设施[J].经济研究,2007(3):4-19.

[112] 张军.理解中国经济快速发展的机制:朱镕基可能是对的[J].比较,2012(6):5-35.

[113] 张晏,夏纪军,张文瑾.自上而下的标尺竞争与中国省级政府公共支出溢出效应差异[J].浙江社会科学,2010(12):20-26.

[114] 张晏.FDI竞争、财政分权与地方政府行为[J].世界经济文汇,2007(2):22-36.

[115] 张晏.分权体制下的财政政策与经济增长[M].上海:

上海人民出版社，2005.

[116] 赵海利，彭军．预算管理中的收入预测：来自美国的经验及对中国的启示 [J]．经济社会体制比较，2013（2）：216-225.

[117] 赵海利，吴明明．我国地方政府收入预算的科学性——基于1994-2010年地方收入预算执行情况分析 [J]．经济社会体制比较，2014（6）：135-147.

[118] 中国经济增长前沿课题组．城市化、财政扩张与经济增长 [J]．经济研究，2011（11）：4-20.

[119] 郑文敏．税收计划与依法治税的关系 [J]．税务研究，2005（5）：55-59.

[120] 周业安，李涛．地方政府竞争和经济增长——基于我国省级面板数据的空间计量经济学研究 [M]．北京：中国人民大学出版社，2013.

[121] 张莉，王贤彬，徐现祥．财政激励、晋升激励与地方官员的土地出让行为 [J]．中国工业经济，2011（4）：35-43.

[122] 张莉，高元骅，徐现祥．政企合谋下的土地出让 [J]．管理世界，2013（12）：43-51.

[123] A. Downs, An Economic Theory of Democracy, Harper and Row, New York, 1957.

[124] Auerbach, A. J. On the performance and use of government revenue forecasts [J]. National Tax Journal, 1999, 52 (4): 767-782.

[125] Allen, F., J. Qian, and M. Qian. Law, Finance, and Economic Growth in China, Journal of Financial Economics, 2005, 77 (1), 57-116.

[126] Blanchard, Oliver and Andrei Shleifer. Federalism with and without Political Centealization: China versus Russia, IMF Staff Paper, 48, 2001, pp. 171-179.

[127] Bretschneider, S. I, W. L. Gorr, G. Grizzle and E. Klay. Po-

litical and organizational influences on the accuracy of forecasting state government revenues [J]. International Journal of Forecasting, 1989, 5 (3): 307 – 319.

[128] Bretschneider, S and W. Gorr. Economic, organizational, and political influences on biases in forecasting state sales tax receipts [J]. International Journal of Forecasting, 1992, 5 (4): 457 – 466.

[129] Brennan, G. and Buchanan, J. (1980) The power to tax: analytical foundations of afiscal constitution, Cambridge, Cambridge University Press.

[130] Bischoff I., Gohout W.. The Political Economy of Tax Projections [J]. International Tax and Public Finance, 2010, 17 (2): 133 – 150.

[131] Boylan R. T.. Political Distortions in State Forecasts [J]. Public Choice, 2008, 136 (3): 411 – 427.

[132] Bohn F., Disinformation and Political Budget Cycles [J]. Radboud University Nijmegen Working Paper, 2010 (10): 1 – 33.

[133] Cassidy. G, Mark S. Kamlet and D. S. Nagin. An empirical examination of bias in revenue forecasts by state governments [J]. International Journal of Forecasting, 1989, 5 (3): 321 – 331.

[134] Feenberg, D. R, W. Gentry, D. Gilroy, and H. S. Rosen. Testing the rationality of state revenue forecasts [J]. The Review of Economics and Statistics, 1989, 71 (2): 300 – 308.

[135] G. Tullock, Towards a Mathematics of Politics, University of Michigan Press, Ann Arbor, 1967.

[136] Goeminne S., Geys B., Smolders C.. Political Fragmentation and Projected Tax Revenues: Evidence from Flemish Municipalities [J]. International Tax and Public Finance, 2008, 15 (3): 297 – 315.

[137] J. M. Buchanan, The Demand and Supply of Public Goods,

Rand and McNally, Chicago, 1968.

[138] Jia, R., M. Kudamatsu and D. Seim. Complementary Roles of Connections and Performance in Political Selection in China. 2013, Working Paper.

[139] Jonung L., Larch M.. Improving Fiscal Policy in the EU: The Case for Independent Forecasts [J]. Economic Policy, 2006, 21 (47): 491 - 534.

[140] Krol R.. Forecast Bias of Government Agencies [J]. Cato Journal, 2014, 34 (1): 99 - 112.

[141] Keen, M. Vertical Tax Externalities in the Theory of Fiscal Federalism, IMF Staff Papers, 1998, 45, 454 - 485.

[142] Li Hong bin, Li - An Zhou.. Political Turnover and Economic Performance: Incentive Role of Personnel Control in China [J]. Journal of Public Economics, 2005, 89 (9): 1743 - 1762.

[143] MIGUE, Jean - Luc, BELANGER, Gerard. Towards a general theory of managerial discretion [J]. Public Choice, 1974, Vol. (17): 27 - 43.

[144] Opper, S. and S. Brehm, Networks versus Performance: Political Leadership Promotion in China. Lund University Working Paper.

[145] Ohlsson, H. and A. Vredin. Political cycles and cyclical policies [J]. Scandinavian Journal of Economics, 1996, 98 (2): 203 - 218.

[146] Paleolougou S. M.. Political Manoeuvrings as Source of Measurement Errors in Forecasts [J]. Journal of Forecasting, 2005, 24 (5): 311 - 324.

[147] Roodman, D. How to do xtabond2: An introduction to difference and system GMM in Stata [J]. Stata Journal, 2009, 9 (1): 86 - 136.

[148] Rubin, I. S. Estimated and actual urban revenues: Exploring the gap [J]. Public Budgeting and Finance, 1987, 7 (4): 83 – 94.

[149] RobertKrol. Forecast Bias of Government Agencies [J]. Cato Journal, 2014, 34 (1): 99 – 112.

[150] William A. NISKANEN, A reflection on bureaucracy and representative government [A]. Blais, Andre & Stephane Dion. (Eds.). The budget – maximizing bureaucrat: Appraisals and evidence [C]. Pittsburgh: University of Pittsburgh Press, 1991.

[151] William A. Niskanen, Bureaucrats and Politicians [J]. Journal of Law and Economics, 1975, 18 (3): 617 – 643.

[152] Windmeijer F., A finite sample correction for the variance of linear efficient two – step GMM estimators [J]. Journal of Econometrics, 2005, 126 (1): 25 – 51.

[153] Su, F. B, R. Tao, X. Lu, and M. Li. Local Official's incentive and China's Economic Growth: Tournament Thesis Reexamined and Alernative Explanatory Framework [J]. China & World Economy, 2012, 20 (4): 1 – 18.

[154] SATOKOM., FUKUSHIGE M. TAX PROJECTIONS AND ECONOMIC FORECASTS BY GOVERNMENT BUREAUCRATS: HIDDEN MANOEUVERINGS BEHIND FISCAL RECONSTRUCTION IN JAPAN [J]. Japanese Economic Review, 2012, 63 (4): 528 – 545.